KB064414

세상 끝의 카페

존 스트레레키 지음

고상숙 옮김

세상 끝의 카페

클레이하우스
CLAYHOUSE

케이시와 마이크, 그리고 앤에게

내 잠재의식을 바꾸는 마법 같은 이야기

켈리 최, 『웰씽킹』 저자,

글로벌 기업 켈리델리 창립자 및 회장

내가 가야 할 새로운 길을 깨달은 순간이 있다. 그때 나는 세상의 끝이라고 해도 좋을 만큼 망망대해 대자연 속에 있었다. 돌고래 떼가 옆을 지나고 환한 별빛이 쏟아진 그 순간, 지극한 조화를 이루고 있는 우주를 실감하며 나는 '내가 왜 여기 있는가?'에 대한 답을 찾았다.

내겐 기업가가 되고 싶었다는 꿈이 있었고 정말 열심히 일해서 그 꿈을 이뤘다. 그런데 대자연 속에서 그게 내 진짜 존재의 목적이 아니란 사실을 깨달은 것이다. 삶의 군더더기를 빼고 또 빼서 결국 남은 원칙 하나가 바로 진정한 존재의 목적인데, 회사 경영만 하는 건 분명 그 마지막 남은 하나가 아니었다.

나는 정말 작은 존재로 태어나 온갖 실패를 겪으며 조금이나마 성장을 했고, 결국 더없이 만족스럽고 행복한 삶을 살게 됐는데, 내가 배우고 깨달은 걸 세상에 다 놓고 가야겠다는 생각이 들었다. 내가 내 삶을 통해 진화한 만큼 다른 사람들도 나를 통해 진화할 수 있도록 돕고 싶었다. 그것이 세상의 끝에서 깨달은 내 존재의 목적이었다. 내가 책을 쓰고, 젊은 사람들과 소통하고, 이렇게 좋은 책을 추천하는 것도 다 이런 존재의 목적을 충족하며 살기 위해서다.

세상의 한가운데서는 쉽게 얻을 수 없는 깨달음이었다. 시간을 멀찍이 두고, 또 현실에서 떨어져 있으니 그동안 보이지 않던 것이 눈에 보였다. 자연은 무심히 그저 있어야 할 곳에 있었을 뿐인데, 그 자체로 이미 완벽히 아름다웠다. 우리 삶 역시 마찬가지 아닐까? 자신의 존재 목적을 깨닫고 그저 있어야 할 곳에 있으면 우리 삶 역시 아름다워지는 것 아닐까? 그렇게 생각이 미치니 그동안 왜 이렇게 아등바등 살았지, 하고 지금까지의 삶을 다시 보게 된 것이다.

이 책이 탄생한 배경도 비슷하다. 이 책의 저자인 존 스트레레키도 나처럼 세상의 끝으로 떠난 여행에서 존재의 목적을 깨달았다. 당시 그는 바쁘게 일하며 많은 돈을 벌고 있었지만, 감정적으로는 아무런 충만감을 느낄 수 없었고 심하게는 공허함마저 느꼈다고 한다. 그런데 돌아오는 비행기 안에서 사람들에게 삶의 의미에 대한 이야기를 전하는 것이 자신의 존재 목적임을 깨달았고, 그 순간 마치 온몸에 전기가 흐르는 것 같은 짜릿함을 느낀 것이다.

그리고 자신의 존재 목적을 실현하기 위해 이 책을 집필했다.

저자의 진정성이 그대로 전해졌기 때문일까, 이 책의 히스토리도 경이로움의 연속이다. 미국에서 2003년에 첫 출간이 되었는데, 무려 20년이 지나는 동안 시간이 흐를수록 더 많은 독자의 손에 들어갔다. 최근 7년 연속 유럽의 올해의 베스트셀러에 선정되었고 동시에 8년 연속 독일 슈피겔 베스트셀러 1위를 차지했다. 19초마다 한 권씩 팔리는 책이라고 하니, 그야말로 대륙을 넘나드는 역대급 역주행 책이다. 반짝하고 사라지는 신간이 대다수인 것을 생각하면 기적이 아닐 수 없다.

그래서 이 책을 한국 독자들에게 추천하고 싶었다. 저자와 비슷한 경험을 했고 비슷한 깨달음을 얻었는데, 이토록 내가 하고 싶었던 이야기가 잘 표현되어 있는 책이 이미 세상에 있다니! 내가 굳이 쓸 필요가 없어졌으니, 대신 이 책을 한국 독자들에게 소개해야겠다고 생각했다. 오랜 시간 전 세계 독자들이 열광해왔는데, 어쩐지 한국 독자들에겐 생소하다는 점에서 더욱 그랬다.

　소설 형식으로 쓰인 자기계발서라는 점도 내게 큰 매력으로 다가왔다. 이 책은 단순하고 흥미로운 이야기 속에서 삶의 의미라고 하는 심오한 주제를 풀어내 독자들의 마음을 동하게 만든다. 이렇게 살고 저렇게 해야 한다고 억지로 다그치지도 않고, 각 잡고 외워야 할 것을 잔뜩 풀어놓지도 않는다. 그 대신 오랫동안 기억에 남을 만한 아름다운 이야기를 무심히 툭 하고 던져준다. 그러니 소설처럼 쭉 재미있게 읽기만 해도 마인드를 바꿀 수 있고, 의식적으로 생각하지 않더라도 존재의 목적에 대해 자연스레 인식하게 된다. 삶에서 가장 중요한 생각을 내 영혼에 잔잔하게 깔릴 수 있도록 해주는 것이다.

　사실 삶의 의미나 존재의 목적에 대해 다룬 책은 이미

여럿 있지만, 자신의 삶 자체를 되돌아보게 하고 이토록 집요하고 직접적으로 존재의 목적에 대해 질문하는 책은 흔치 않다. 그리고 그런 책들 중에서도 이렇게까지 공감이 되고 여운을 남기는 책도 없었다.

존재의 목적을 아는 게 중요한 이유는 그것이 내 잠재의식 속 이미지를 바꾸기 때문이다. 내가 왜 여기 있는지를 깨달은 사람의 잠재의식 속에선 더 이상 쓸데없는 불안이나 두려움 같은 부정적인 생각이 힘을 쓰지 못한다. 대신 무엇을 어떻게 하며 살면 되는지 구체적으로 알게 되고, 그것이 잠재의식 속에 단단히 각인돼 생생한 시각화로 이어진다. 그렇게 긍정적으로 바뀐 잠재의식이 내 삶을 내가 바라던 방향으로 이끌어주게 되는 것이다.

만약 내가 존재의 목적을 찾지 못했다면? 나는 지금도 온갖 문제에 둘러싸여 회사에서 열심히 일하고 있을 것이다. 내가 굳이 안 해도 된다는 사실도, 훌륭한 CEO가 나보다 더 잘 처리할 수 있다는 사실도 모른 채 끙끙대며 방황하는 삶을 살고 있을 것이다. 그만큼 존재의 목적을 모른다는 건, 마치 어디로 길이 나 있는지도 모르는 깊은 정글 속에 갇혀 힘겹게 앞을 헤쳐 나가는 것과 마찬가지인 것이다.

살아 보니 나뿐만이 아니었다. 존재의 목적을 아는 것은 모든 성공한 사람의 첫 번째 공통점이었다. 그건 자신이 가고자 하는 곳으로 내비게이션의 깃발을 꽂는 행위였다. 그들은 스스로 어딜 가고 싶어 하는지 명확히 알고 있었고, 그것을 한 문장으로 표현할 수 있었다. 그것이 그들의 앞을 틔워주는 길이 되었고 그들은 그저 그 길을 따라 앞으로 나아가면 되었다.

누구나 세상의 끝으로 떠날 모험가가 될 수는 없을지도 모르겠다. 이 책이 독자들에게 진정한 선물처럼 다가오는 것도 이 때문이다. 이 짧은 이야기 한 편을 읽는 것만으로 세상의 끝으로 여행하는 경험을 할 수 있다. 세상 끝의 카페에서 밤새 그 공간을 지키는 케이시와 마이크와 앤을 만날 수 있다. 그들과 허심탄회하게 대화를 나누다 보면 당신도 이 책의 저자처럼 당신만의 존재의 목적을 찾게 될 것이다. 그리고 앞서 말했듯이 그것을 찾으면 비로소 당신이 원하는 진짜 인생이 시작된다.

　읽을 준비가 된 사람들에게만 이 책이 나타난다고 한다. 그러니 이 책을 발견했다면 그냥 지나치지 말고 예쁜 카페 문을 열 듯 가볍게 이 책을 펼쳐보자. 그러고는 그저 마음 편히 읽기만 하면 된다. 이 책을 읽고, 존재의 목적을 찾고, 결국 잠재의식 속 이미지를 바꿔 인생의 승리자가 될 독자들을 생각하면 가슴이 뛴다. 부디 그 사람이 당신이길 바란다.

당신이 세상 끝의 카페에 도착한 이유

세상 끝의 카페에 여러분을 초대할 수 있게 되어 영광입니다.

수백만 가지의 가능성 속에서, 여러분이 곧 발견하게 될 이유 때문에 이 이야기와 여러분은 곧 하나가 될 것입니다. 그 이유가 정확히 무엇인지는 모르겠지만, 분명 특별한 이유일 거라 믿습니다. 특별한 이유가 아니라면 오늘 여러분이 이 책을 펼쳐보는 일은 일어나지 않았을 테니까요.

여러분 내면의 목소리에 귀 기울여주셔서 감사합니다. 또 여러분의 기운과 이 책이 가진 기운이 왜 서로를 부르고 있는지 알지 못하는 상황에서도 이 이야기를 찾아주셔

14

서 감사합니다.

　그 이유는 곧 밝혀질 겁니다. 그러고 나면 그 기운이 가져다 준 깨달음에 미소를 짓게 될 겁니다.

　지금까지 43개의 언어로 6백만 명 이상의 사람들이 여러분이 곧 마주하게 될 영감을 경험했습니다. 정말 감사한 일입니다. 왜냐하면 이 이야기가 저에게서 처음 흘러나오기 시작했을 때, 전 단 한 사람만이라도 이 영감을 나눌 수 있다면 보람 있으리라 생각했으니까요. 그리고 그 생각은 지금도 변함이 없습니다. 오늘 그 한 사람이 바로 당신입니다.

　수년 동안, 세계 이곳저곳 다양한 문화권의 독자들이

이 카페 이야기가 강력한 영감의 원천이 되었다고 연락을 주셨습니다. 세상 어디에 살고 있건 우리들은 우리가 처한 상황이나 인생에 대한 고민, 그리고 여러 가지 생각 면에서 생각보다 공통점이 많은 듯합니다.

이러한 사실을 통해 삶의 여정에 있어서 내가 혼자가 아니라는 위안을 받습니다. 지구상에 나와 같은 마음으로 생각하며 탐색하는 사람들이 이곳저곳에 흩어져서 살고 있다는 사실은 그 자체로 큰 위안이 아닐 수 없습니다. 비록 일상을 살아가는 모습의 작은 부분은 서로 다를 수도 있겠지만 우리는 많은 면에서 공통 분모를 가지고 살고 있습니다.

앞으로 펼쳐질 이 책에서는 단순히 존재하는 것 그 이상의 삶을 원하고 추구하는 사람을 만나게 될 겁니다. 모험을 떠난다는 것이 정확히 어떤 의미인지도 모르지만, 어쨌든 모험을 떠나는 사람을요.

저는 이것이 이 이야기로 위로를 받은 모든 사람이 공유하는 공감대라고 믿습니다. 이 지구상에서 좀 더 의미 있고 영감에 찬 하루하루를 살고자 하는 집단적 열망 말입니다. 어쩌면 이것이 여러분이 '세상 끝의 카페'를 찾게 된 이유일지도 모르겠습니다.

이제 만나게 될 카페에서 보내는 모든 발견의 순간을 만끽하기를 바랍니다. 그리고 그 발견을 인생에 적용하며 정말로 멋진 인생을 살길 기원합니다. 자 그럼 출발해볼까요?

인생이라고 불리는 놀라운 모험을 여러분과 함께하는 여행자로부터.

차례

그날 밤 나에게는 그 카페가 필요했다

우리는 때로 전혀 예기치 못한 순간 뜻하지 않은 곳에서 새로운 사람을 만나 인생의 의미를 다시 깨닫게 될 수도 있다. 그런 순간은 의식하고 있지는 못해도 우리 인생에서 가장 필요한 순간 다가온다. 내게도 그런 순간이 찾아왔다. 그날 나는 어두컴컴하고 인적이 드문 도로 위에서 길을 잃고 헤매고 있었다. 돌이켜 생각하니 그 당시 내 상황은 내 인생을 닮은 모습이었다. 그날 길을 헤매던 나는 나의 삶에서도 길을 잃어 어디로 가야 할지 알지 못했고, 그때 택한 발걸음이 어디로 향하고 있는지 내가 왜 그 방향으로 가고 있는지 알지 못했다.

나는 일주일간의 휴가를 내어 어디론가 가고 있었다. 일과 관련된 모든 것을 훌훌 털어버리고 자유로워지고 싶었다. 하루 열 시간에서 열두 시간을 네모난 사각형 안에서 일하는 것이 인생의 전부는 아닐 거라고 생각했다. 고등학생 시절에는 대학 입시만 바라보며 사느라 정신없었고, 대학 시절에는 어떻게 하면 좋은 직장을 구해 돈을 많이 벌까 하는 생각에 여념이 없었다. 그리고 결국 사회에 나와서는 승진만을 고대하며 일에 치여 피곤한 나날을 보냈다. 내가 지금 이 자리에 오기까지 이끌어준 사람들은 결국 그들이 걸었던 길을 그대로 반복하도록 나를 인도한 것은 아니었을까?

나는 월급을 받는 대가로 하루하루를 직장에 바쳐가며 사는 일상에 회의를 품기 시작했다. 돈을 대가로 내 시간을 모두 바치다니, 그건 공정한 거래가 아니라는 생각이 들었다. 이런 생각에 빠져 있던 나는 휴가를 떠났다가 길을 잃었고, 한참을 헤매고 나서야 '세상 끝의 카페'를 발견하게 되었다.

내가 그곳에서 겪은 이야기를 들려줄 때면 사람들은 '신비롭다' 같은 단어를 쓰며 반응하는데, 사실 나 스스로도 간혹 그 일이 진짜 있었던 일인지 의심스러워질 때가 있다. 그럴 때마다 나는 책상 서랍을 뒤져 카페 종업원 케이시가 건네주었던 메뉴판을 다시 읽어본다. 그리고 메뉴를 보는 순간 그때 그 일이 생생한 현실이었음을 다시 한번 실감한다.

그날 이후 나는 그때 갔던 길을 되짚어 그 카페를 다시 찾아가 보는 수고는 하지 않았다. 그날 겪은 일이 꿈이 아닌 현실이라고 해도 그곳이 환상 속에서나 존재하는 공간이라고 믿고 싶은 바람이 마음 한구석에 도사리고 있었던 것 같다. 그날 밤 나에게는 그 카페가 필요했고, 그런 이유로 카페가 그곳에 존재했던 것이리라. 나는 그냥 그렇게 믿고 싶었다.

언젠가 그곳에 다시 가보고 싶은 순간이 올지도 모르겠다. 아니 그날처럼 밤길을 헤매다 우연히 그곳을 다시 찾게 될 수도 있을 것이다. 그러면 나는 카페 안으로 들어가 케이시와 마이크 그리고 앤에게 그날 그 카페에서의 하룻

밤이 내 인생을 어떻게 바꾸어놓았는지 이야기해줄 것이다. 그때 그 질문 덕분에 내가 얼마나 많은 생각을 하고, 또 상상도 하지 못했던 새로운 발견을 하게 되었는지 말이다.

누가 알겠는가? 지난날 나처럼 길을 헤매다 우연히 '세상 끝의 카페'에 들른 누군가와 이야기를 나누며 하룻밤을 다시 지새우게 될지……. 혹은 그날 겪었던 일을 책으로 펴내 그 카페의 존재 이유를 알리는 데 나 나름의 기여를 하게 될지…….

당신은 왜 여기 있습니까?

죽음이 두렵습니까?

충만한 삶을 살고 있습니까?

Chapter.01

고속도로 정체

내 차는 고속도로 위를 기어가고 있었다. 차가 움직이는 속도가 얼마나 느리고 답답한지 차라리 차를 버리고 걷는 편이 낫겠다 싶었다. 걸어가는 게 자동차 레이스처럼 느껴질 정도였으니까. 그렇게 한 시간쯤 기어가다 보니 도로는 완전히 주차장이 되어버렸고 나는 옴짝달싹 못하고 차 안에 갇힌 꼴이 되고 말았다. 답답한 마음에 라디오 버튼을 눌러대며 방송이라도 들어볼까 했지만, 들을 만한 프로가 없어 라디오마저 꺼버렸다.

그렇게 한 20분쯤 흘렀을까? 꿈쩍도 하지 않고 정체

되어 있는 차 안에 하염없이 앉아 있던 사람들이 하나둘 차 문을 열고 나오기 시작했다. 밖으로 나온다고 달라지는 것은 없었지만 일단 나와서 불만을 토로하다 보니 다들 기분이 조금씩 풀리는 눈치였다. 이런 경우를 두고 동병상련이라고 하는 걸까. 바로 내 앞에서 미니밴을 운전하던 사람은 6시까지 호텔에 도착하지 못하면 예약이 자동 취소될 거라며 어쩔 줄 몰라 했고, 내 옆에서 오픈카를 몰고 가던 여성은 도로 시스템이 엉망이라고 푸념하고 있었다. 내 차 뒤를 따라오던 버스에 한가득 타고 있던 리틀 야구팀 선수단 아이들은 보호자로 따라온 학부모를 들들 볶아대고 있었다. 부모들의 얼굴에서 앞으로 두 번 다시 봉사랍시고 이런 일에 따라나서지 않겠다는 다짐을 읽을 수 있었다. 도로를 따라 늘어서 있는 차량 행렬만큼이나 긴 불만의 물결 속에서 나는 미세한 점 하나에 불과했다.

그런 상태로 또다시 25분 정도 흘렀을까. 중앙 분리대 역할을 하라고 심어놓은 잔디를 가로질러 경찰차가 다가오는 것이 보였다. 경찰은 차에 탄 채로 몇 미터씩 주기적으로 차를 세우며 주차장이 되어버린 도로 위에 서 있는 사람들에게 뭐라고 소리를 치고 있었다. 경찰의 말을 듣고 흥분하는 사람들의 상태로 보아서는 폭동 진압용 장비라도 동원해야 경찰의 안전을 보장할 수 있을 듯했다.

드디어 우리 쪽에서도 경찰의 목소리가 들릴 만큼 경찰차가 가까이 다가왔다. 경찰은 10킬로미터쯤 앞쪽에 독성 물질을 싣고 가던 트럭이 전복되어 도로가 봉쇄되었다고 알려주었다. 이 도로 정체의 주범은 전복된 트럭이었던 것이다. 그러면서 다른 길로 가든가(대체 다른 길이 어디 있는데?) 아니면 청소 작업이 끝날 때까지 기다리든가 둘 중 하나를 선택하라고 친절한 안내까지 덧붙였다. 참고로 청소 작업은 한 시간 정도 걸릴 거라고 했다.

나는 경찰이 내 뒤로 즐비하게 늘어서 있는 운전자들에게도 같은 이야기를 전하러 가는 모습을 우두커니 지켜보았다. 그리고 미니밴 운전자가 6시까지 호텔에 도착하지 못할 거 같다며 걱정하는 소리를 듣는 순간, 내 인내심은 한계에 도달하고 말았다.

"기분 전환 한번 하려면 항상 이 모양이더라······. 도대체 이게 뭐야."

나는 차를 몰고 가다 우연히 만난 새 친구들에게 더 이상 참을 수 없으니 다른 길로 가겠다고 선언했다. 그러자 마지막까지 6시 호텔 예약을 들먹이던 미니밴 운전자가 길을 비켜주었다. 그 덕분에 나는 중앙 분리대를 넘어 반대 방향으로 넘어갈 수 있었다.

Chapter 02

낯선 지명의 이정표

일단 정체에서 벗어난 나는 휴대폰을 열어 지도를 검색하기 시작했지만 '검색 불가' 메시지만 화면에 떴다. 가고픈 방향은 북쪽인데 나는 남쪽으로 차를 몰고 가고 있었다. 별다른 뾰족한 대안이 없는 상황에 짜증만 깊어져 갔다. 빠져나갈 도로 입구 하나 보이지 않는 길이 10, 20, 30킬로미터 계속 이어졌다.

그런 상태로 한 50킬로미터쯤 달렸을 때 마침내 작은 표지판이 나타났다. "하지만 이제 표지판이 소용없겠네. 어디쯤 왔는지, 어디로 가고 있는지 나도 모르니." 이렇게 중얼거리는 동안 좌절감만 더해갔다. 그 앞에서 차를 세우고 나는 생각에 잠겼다.

'세상에…… 주유소도 없고, 패스트푸드점도 하나 없는 고속도로에 혼자 덩그러니, 내가 지금 여기서 뭐 하고 있는 거지?'

왼쪽을 봐도 오른쪽을 둘러봐도 아무것도 없이, 황량하기는 매한가지였다.

"제기랄, 이래선 어느 쪽으로 가든 큰 차이 없을 것 같은데…….."

우선 우회전을 했다. 다음 표지판에서 다시 우회전을 하면 적어도 북쪽으로 갈 수 있을 거라는 계산에서였다. 도로는 달랑 2차선이었다. 이쪽으로 가면 오던 길에서 멀어지고, 저쪽으로 가면 오던 길 쪽으로 갈 것이었다. 하지만 그런 계산이 맞는 것인지, 확신이 서지 않았다. 아무나 붙잡고 물어보고 싶었지만 지나가는 차량도 없었고, 인가나 문명의 흔적 같은 것은 더더욱 찾아보기 힘들었다. 아까는 집이나 농장이라도 드문드문 눈에 띄었는데 이제는 나무와 목초지 외에 아무것도 보이지 않았다.

한 시간쯤 뒤 나는 완전히 길을 잃고 말았다. 그동안 지나쳐온 교차로는 길이 좁은 데다 내가 이상한 곳에 와 있다는 것을 확인시켜주는 듯한 낯선 지명의 이정표들뿐이었다. 그리고 내가 지금 달리는 도로는 '구舊 65번 도로'였다. 내 앞길은 어둠만이 깔려 있었고, 아무리 달려도 사람 머리털 하나 구경할 수 없었다. 다음 교차로도 내가 지나쳐온 교차로와 크게 다르지 않아 절망적인 마음으로 또다시 우회전을 했다. 내가 지금 어디 있는지는 모르지만 적어도 나침반이 가리키는 방향으로는 가고 있었다. 하지만 절망적이게도 도로 표지판은 여전히 '구'로 시작하고 있었다.

세상 끝으로 가는 길

그렇게 한 시간이 더 지났다. 태양은 이미 지평선 너머로 기울었고, 하루해가 저무는 만큼 내 좌절감은 점점 더 깊어져 갔다.

"고속도로에서 조금만 더 참고 그냥 기다렸어야 했는데……."

나는 누구에게라고 할 것도 없이 혼자 투덜거렸다.

"한 시간만 참고 기다릴걸. 그걸 못 참아 두 시간을 허비한 데다 지금은 여기가 어딘지 알 길도 없으니……."

나는 애꿎은 자동차 지붕을 주먹으로 때렸다. 그리고

다시 20킬로미터 정도를 더 달렸지만 여전히 길가에는 아무것도 보이지 않았다. 이제 연료도 반 이상 써버렸고 차를 돌릴 수도 없었다. 남은 연료로는 내가 출발한 곳까지 되돌아갈 수도 없을 뿐 아니라, 왔던 길을 다시 제대로 찾아갈 수 있다는 보장도 없었다. 그리고 지금까지 지나온 길가에는 주유소도 하나 없었다.

내가 할 수 있는 일이라곤 이대로 주욱 가다가 기름을 넣고, 배도 채울 수 있는 곳을 찾는 것뿐이었다. 연료 눈금이 계속 내려가는 것과 반비례하여 가슴속 분노는 하늘로 치솟고 있었다.

사실 애초에 휴가를 내려고 한 이유가 지금 같은 분노와 좌절감에서 벗어나고자 했던 것이다. 해도 해도 끝이 없는 직장 일과 밀려드는 고지서, 그리고 성공에 대한 강박관념으로 나는 지칠 대로 지친 상태였다. 나는 소진된 인생의 배터리를 여행으로 충전하고 싶었다. 하지만 여행길 초입부터 상황은 내가 원하는 것의 정반대 방향으로 흘러가고 있었다.

"정말 이해가 안 가는군."

나는 혼잣말로 중얼거렸다.

"다 소모하고, 충전하고, 또 다 소모하고 재충전하고. 그래서 결국 내가 원하는 걸 얻을 수 있단 말인가."

20분이 더 지났을 때 이제 태양은 완전히 나무들 아래로 내려앉았고, 땅거미가 지기 시작했다. 구름 속에 남아 있는 불그스름한 오렌지색 자취만이 낮에 떠 있던 태양의 여운을 간직하고 있을 뿐이었다. 하늘은 장관이었다. 하지만 나는 내가 처한 한심한 상황에 사로잡혀 아름다운 석양 따위는 눈에 들어오지도 않았다. 여전히 인가는 눈에 띄지 않았으며, 연료 눈금은 달랑달랑 위험한 하강 곡선을 그리고 있었다.

"이제 4분의 1도 채 남지 않았군."

대학 때 방학이 되어 집까지 차를 몰고 갔던 그 시절 이후 나는 차에서 밤이슬을 피해본 적이 없었다. 차에서 자는 건 결코 유쾌한 일이 못 되었다. 하지만 잠잘 곳을 찾지 못하면 다른 도리가 없었다.

'눈 좀 붙여야 해. 그래야 연료가 떨어지기라도 하면 걸어가서라도 구조를 요청할 수 있잖아.'

Chapter.04

세상 끝의 카페

연료 계기판 바늘이 E로 시작되는 빨간 선 밑으로 미끄러져 내려갔을 때 멀리서 불빛이 보였다. 짜증이 난 상태로 교차로에서 왼쪽으로 방향을 돌리고 얼마 되지 않은 시점이었다. 물론 좌회전을 한다고 상황이 나아질 거라는 희망은 보이지 않았다. 어쨌든 왼쪽으로 돌았는데 적어도 그 도로는 도로명이 '구'로 시작되지 않았다는 점이 당시 나의 선택을 정당화할 수 있는 유일한 이유였다.

"그래도 왼쪽으로 돈 보람이 있었네."

나는 불빛을 보자 기뻐 크게 소리쳤다.

가까이 다가가 보니 그 불빛은 거리의 가로등이었다. 정말 아무것도 없는 허허벌판 위에 하얀 가로등 불빛 하나만 환히 빛나고 있었다.

"제발 뭐든 좀 나와다오."

나는 불빛 쪽으로 차를 몰며 간절한 마음으로 주문을 걸듯 중얼거렸다. 내 바람에 화답이라도 하듯 그곳에는 분명 뭔가가 있었다. 나는 불빛을 쫓아 도로에서 벗어나 흙과 자갈이 깔린 주차장 안으로 들어섰다. 주차장 건너편에는 작은 건물이 한 채 서 있었고 하얗고 네모진 건물 지붕 위에는 '세상 끝의 카페'라고 적힌 파란색 네온 간판이 반짝이고 있었다. 그런 곳에 카페가 있다는 사실 자체만으로도 놀라웠는데 주차장에는 차가 세 대나 서 있었다. '저 차들은 대체 어디에서 온 걸까? 내가 왔던 방향에서 온 건 아니겠지 설마?' 그 카페에 도착할 때까지 운전해 오는 동안 마주친 차는 한 대도 없던 터였다. '잘됐네. 카페 사람들한테 물어보면 이 황량한 곳에서 벗어날 수 있는 길이 보이겠지.'

차에서 내린 나는 일단 기지개를 켜며 뻣뻣하게 굳은

몸을 풀어준 후 카페 입구 쪽으로 걸어가기 시작했다. 주위는 벌써 깜깜했고 하늘에는 초승달과 셀 수 없이 많은 별이 반짝이고 있었다. 카페 문을 열자 문 안쪽에 붙어 있던 작은 종이 딸랑거리며 기분 좋은 소리를 냈다. 그리고 뜻밖에도 아주 맛있는 음식 냄새가 내 코를 자극했다. 순간 갑자기 허기가 강렬하게 느껴졌다. 그런 냄새를 풍기는 음식이 뭔지 정확하게 알 수는 없었지만 그게 무엇이든 3인분쯤은 너끈히 먹어 치울 수 있을 것 같았다.

Chapter. 05

여긴 안전한 곳이에요

카페는 오래된 식당의 분위기를 풍기고 있었다. 폭이 좁고 긴 흰색 카운터가 먼저 눈에 띄었고 그 아래 의자 바닥에 붉은색 쿠션을 댄 등받이 없는 의자가 나란히 배치되어 있었다. 또 붉은색 칸막이로 나뉜 자리가 몇 개 있었고 칸막이 안에는 탁자가 자리하고 있었다. 탁자 위에는 설탕 그릇, 커피용 우유 그릇으로 짐작되는 조그만 은색 그릇들과 소금통 그리고 후추통이 놓여 있었다. 문 쪽 가까운 스탠드에는 낡은 현금 계산기가 있었고 그 옆에는 목제 옷걸이가 걸려 있었다.

아주 아늑한 느낌을 풍기는 곳이었다. 편하게 앉아서 친구와 오랫동안 이야기라도 나누고 싶은 분위기였다. 이런 곳에서 같이 시간을 보낼 친구 하나 없다는 게 안타까울 지경이었다. 내가 들어서자 구석에서 손님 두 명과 대화를 나누고 있던 웨이트리스가 나를 쳐다보며 미소 띤 얼굴로 말했다.

"어서 오세요. 맘에 드는 자리 아무 데나 앉으세요."

나는 지난 네 시간 동안 꾹꾹 눌러온 짜증을 가까스로 참고 미소로 답하려 기를 쓰며 입구 쪽에 자리를 잡았다. 앉으면서 보니 붉은색 비닐 의자는 아주 새것이었다. 주변을 천천히 살펴보니 의자뿐 아니라 다른 집기도 모두 새것이었다.

'이 근처에 대규모 신도시라도 개발되는 걸까? 세상에 이런 허허벌판에 새 카페를 짓다니.'

이 지역 부동산 시세는 어떨까? 이 지역에 주택이 개발될 가능성은 얼마나 될까? 하는 생각을 막 하고 있을 때 귀여운 목소리가 들려왔다. 아까 그 웨이트리스였다.

"안녕하세요. 케이시라고 합니다. 반갑습니다."

"안녕하세요, 케이시. 존이라고 합니다. 운전하고 오다 길을 잃었습니다."

"그렇군요, 존."

케이시가 장난기 어린 미소를 지으며 답했다. 내 이름이 존이라는 것을 알아들었다는 얘긴지, 내가 길을 잃어서 안됐다는 것인지 모호한 대답이었다.

"어쩌다 저희 카페까지 오시게 된 거죠?"

"휴가 중인데 목적지에 닿기도 전부터 길이 막혀서 방향을 틀어 달리다 보니 결국 여기까지 왔네요. 중간에 길을 잃고 헤맨 거죠. 그 와중에 차에 기름도 떨어지고 배도 고파서 지금은 거의 쓰러지기 일보 직전이에요."

내가 하소연을 마치자 케이시는 또 아까처럼 장난스러운 미소를 띠었다.

"배고픈 건 저희가 어떻게 해결해드릴 수 있을 것 같은데, 나머지 문제는…… 글쎄요, 한번 두고 보시죠."

케이시는 메뉴판을 들고 와 건네주었다. 불빛 때문인지 아니면 오랜 운전으로 눈이 피곤해서인지 케이시가 메뉴판을 건넬 때 표지에 있던 글자가 사라졌다가 다시 나타

나는 것처럼 보였다.

'내가 정말 피곤하긴 한가 봐.'

이렇게 생각하며 메뉴판을 탁자 위에 내려놓았다. 케이시는 주머니에서 조그마한 주문접수 용지를 꺼내며 물었다. "메뉴를 보시는 동안 마실 것 먼저 준비해드릴까요?"

내가 레몬을 띄운 물을 주문하자 케이시는 바로 주방으로 향했다. 오늘은 정말 뜻밖의 일들만 계속 벌어지는군. 고속도로에서 길을 잃고 몇 시간 동안 헤매질 않나, 카페가 홍두깨처럼 나타나고, 거기다 장난기 어린 미소를 띤 웨이트리스까지……. 나는 메뉴판을 들고 표지부터 읽기 시작했다.

"'세상 끝의 카페'에 오신 것을 환영합니다."

메뉴판 위쪽에는 이렇게 쓰여 있었고 그 밑에는 검은색으로 작게 쓴 글이 적혀 있었다.

"주문 전에 먼저 저희 직원에게 여기에서 보내는 시간이 어떤 의미가 있을지 상담해보시기 바랍니다."

"여기에서 보내는 시간 동안 뭔가 먹을 수 있다는 뜻이었으면 좋겠는데……."

나는 혼잣말을 하며 첫 장을 넘겼다. 첫 장에는 카페에서 흔히 볼 수 있는 평범한 메뉴들이 죽 나열되어 있었다. 아침 식사 메뉴가 왼쪽 위에, 그 밑에는 샌드위치, 오른쪽 위에는 전채 요리와 샐러드, 그 아래는 후식. 그리고 거기서 한 장을 더 넘긴 순간 나도 모르게 입이 벌어졌다. 거기엔 '기다리는 동안 생각해볼 것'이라는 제목 아래 다음과 같은 세 질문이 적혀 있었다.

당신은 왜 여기 있습니까?

죽음이 두렵습니까?

충만한 삶을 살고 있습니까?

'어라. 스포츠 신문 훑어보는 거랑은 아주 다른데…….
뭔가 색다르군.'

다시 그 질문을 읽어보려는 순간 케이시가 물을 들고 다가왔다.

"주문하시겠어요?"

나는 메뉴판을 앞으로 돌려 카페의 이름을 가리키며 물

었다.

"이게 무슨 뜻이죠?"

"오, 오시는 분마다 자기만의 해석을 하더라고요." 그녀
는 알쏭달쏭 알 수 없는 대답을 했다. "그럼 이제 주문하
시겠어요?"

나는 아직 주문할 준비가 되어 있지 않았다. 주문은커
녕 재킷을 집어 들고 당장 이 카페에서 나가야 하는 것은
아닌가 고민스러웠다. 이런 곳에서 음식을 주문해도 괜찮
을까? 뭔가 색다른 구석이 있는 카페인 것만은 분명한데
좋은 의미에서 그런 것인지 확신이 서질 않았다.

"케이시, 미안해요. 조금 이따가 주문할게요."

"미안하긴요. 천천히 생각하세요. 조금 이따가 다시 올
게요." 이렇게 말하고 나서 그녀는 미소를 지으며 한마디
덧붙였다. "그리고 걱정 마세요. 여긴 안전한 곳이에요."

Chapter 06

당신은 왜 여기 있습니까?

나는 케이시가 저쪽 구석에 앉아 있는 손님들 쪽으로 가는 것을 지켜보았다. 그녀는 손님들에게 다가가 스스럼 없이 함께 이야기를 나누기 시작했다. 잘 들리지는 않았 지만 셋 다 미소를 짓고, 또 웃기까지 하는 걸로 봐서 뭔 가 재미있는 이야기를 나누고 있는 듯했다.

'그리 이상한 곳은 아닌 거 같은데. 그냥 아무거나 시 켜볼까?' 이런 생각을 하며 나는 다시 메뉴판을 집어 들 었다. '대안도 없잖아. 기름도 바닥났고, 반경 300킬로미 터 내에 음식을 먹을 수 있는 데라곤 하나도 없는 것 같

고…… 좀 이상하기는 하지만 아직까지는 별일 없었으니 괜찮겠지.'

이렇게 생각하니 좀 안심이 되었다. 케이시가 주방으로 가더니 딸기파이 두 조각을 들고나왔다. 그러고는 나를 지나쳐 다시 손님들 쪽으로 걸어갔다. 그 모습을 보자 모든 걱정이 눈 녹듯 사라졌다.

"딸기파이예요." 케이시가 접시 위를 향한 내 시선을 알아채고 이렇게 말했다. "여기서 제일 맛있어요. 주문해보세요."

"오호!" 나는 놀라움에 이렇게 답했다. 딸기파이는 단연 내가 어렸을 때 가장 좋아한 음식이었다. 누구나 쉽게 만들 수 있는 게 아니며, 나도 최근 몇 년간 한 번도 먹어보지 못했다. '잠시 여기에 머물러야 한다는 계시 같군.' 나는 생각했다.

이상한 질문만 빼면 메뉴판에 실린 식사 메뉴는 괜찮았다. 나는 아침 식사 세트를 주문하기로 마음먹었다. 아침 식사 시간이 한참 전에 지나기는 했지만. 저쪽을 바라보니 웨이트리스는 아직도 그 손님들과 이야기를 나누고 있었다. 마음을 정하고 메뉴판을 다시 읽어보았다.

당신은 왜 여기 있습니까?

음식점에 찾아온 손님에게 묻기 적당한 질문은 아닌 듯했다. 식당에 앉아서 음식을 먹는 사람이 자기가 식당에 왜 왔는지 모를 수도 있나? 그렇다고 식당 주인에게 할 질문도 아니었다. 식당 주인이면서, 사람들이 식당을 찾아오는 이유를 모를까? 당최 이해할 수 없는 질문이었다.

당신은 왜 여기 있습니까?

케이시의 목소리가 골똘히 생각에 잠겨 있던 나를 깨워주었다.

"이제 주문하시겠어요?" 케이시가 미소 지으며 말했다.

막 대답하려는데 주문하기 전에 직원과 상의하라던 글귀가 떠올랐다.

"네, 주문하려고 하는데요."

나는 그 글귀를 가리키며 물었다.

"그 전에 뭘 상의해야 하는 거죠?"

"아, 그거요."

케이시는 이렇게 말하며 예의 그 장난기 어린 미소를 띠었다. 나는 점점 더 그 미소에 끌리고 있었다.

"몇 년 동안 쭉 지켜보니, 이곳을 거쳐간 분들이 모두 제각각 다른 느낌을 받고 돌아간다는 걸 알게 됐어요. 그래서 이제는 이 카페에서 좀 마음 편하게 새로운 경험을 하시라는 의미로 써놓은 글이랍니다. 손님이 준비가 안 돼 있을 수도 있으니 사전에 도움을 좀 드리려고요."

나는 이제 케이시가 음식 이야기를 하고 있는 것인지, 카페에 대한 이야기를 하고 있는 것인지, 그도 저도 아닌 다른 이야기를 하고 있는 것인지조차 갈피를 잡을 수 없었다.

"괜찮으시면 주문하실 요리를 요리사에게 알려주고 요리사의 의견을 들어보고 싶은데, 어떠세요?"

"좋아요."

나는 다시 처음처럼 혼란스러워하며 말했다.

"좋고말고요. 아침 식사 세트를 주문하고 싶은데요. 이 시간에 아침 식사 세트를 주문해도 괜찮을까요?"

"아침 식사 세트가 드시고 싶으세요?" 그녀가 물었다.

"예."

"가능할 거예요. 벌써 오늘 점심시간보다는 내일 아침 시간에 더 가까워진걸요."

얼핏 시계를 보니 저녁 10시 반이었다.

"재미있는 말이네요."

내가 이렇게 말하자 케이시가 가볍게 웃으며 응수했다.

"때론 새로운 시각으로 세상을 바라보는 것도 재미있답니다."

Chapter.07

눈앞의 세상이 바뀌는 질문

케이시가 주문 접수를 받는 창문 방향으로 걸어갔다.
그녀의 발걸음을 눈으로 쫓다 보니 주방 안에 있는 사람
이 시야에 들어왔다. 한 손에 나무 주걱을 들고 있는 그
남자는 한눈에도 주방장처럼 보였다. 케이시가 주문 접
수 창문 쪽으로 다가가 그에게 말을 건넸다. 케이시의 이
야기를 들으며 내 쪽으로 시선을 돌리던 주방장은 자기를
쳐다보고 있던 나와 눈이 마주치자, 이내 미소를 지으며
내게 손을 흔들어주었다.

나는 멋쩍어하며 답례로 같이 손을 흔들었다. 주방장에

게 인사를 하다니, 그런 행동은 평소의 나하고 어울리지 않았다. 케이시는 그와 잠시 이야기를 주고받은 후, 둥그렇게 생긴 주문서 꽂이에 내 주문서를 꽂아놓고 다시 내게로 다가왔다. 주방장은 주문서 꽂이를 한 바퀴 돌려 주문서를 집어 들고 잠시 내용을 훑어보고는 주방 안으로 가지고 들어갔다.

나는 다시 메뉴판을 쳐다보았다. 막 첫 번째 질문을 다시 읽고 있는데 케이시가 돌아왔다. 그러고는 탁자 맞은편에 앉았다.

"저기 주방에 있는 사람이 이 식당 주인이자 주방장이에요. 마이크라고 하죠. 짬을 내서 잠깐 손님을 만나보겠다고 하더군요. 주문하신 걸 알려주었더니 양이 좀 많기는 하지만 드실 수 있을 거 같다 했고요."

어떻게 반응할지 몰라 그냥 고개를 끄덕이면서 말했다. "특별 서비스를 받는 기분인데요." 그녀는 미소를 보이며 "저흰 최선을 다한답니다"라고 답했다. 그러고는 내가 보고 있던 메뉴판을 표지가 보이게 덮었다.

"맞아요. 아까 말씀하신 내용으로 돌아가자면 여기 메

뉴판 표지에 직원과 상담하라고 한 글귀는 손님이 계속 읽고 계신 그 질문과 관련이 있답니다." 그녀는 다시 메뉴판을 넘겨 그 질문이 나를 향하도록 두었다.

내가 그 질문을 읽고 있는 걸 그녀가 어떻게 알아챘는지 의아했다. 하지만 어떻게 알았느냐고 묻지는 않았다.

"그 질문을 대수롭지 않게 그냥 한번 보고 마는 것과, 질문을 조금 다르게 바꿔보는 건 별개의 문제랍니다."

"그게 무슨 말이죠?"

"그 질문은 단순 명료해요. 그렇죠, 아주 빤한 질문으로 들리죠. 하지만 몇 글자만 바꿔보면 많은 게 변한답니다."

"바꾼다고요? 뭘요? 그럼 여기에서는 식사를 못 하게 된다든가 뭐 다른 걸 주문해야 한다든가 그런 말인가요?"

"아뇨."

그녀는 갑자기 사뭇 심각해진 어조로 이렇게 대답했다.

"그런 것보다 더 큰 걸 바꾸는 거예요!"

도대체 무슨 말을 하고 있는 건지 종잡을 수가 없었지만, 큰 변화라는 말에 팔에 소름이 쫙 돋았다. 무슨 말인지 정확히 이해할 순 없었지만, 농담이 아니란 것만은 분명

했다.

"도대체 무슨 말입니까?"

케이시는 다시 메뉴판을 가리켰다.

"그 질문을 다른 사람에게 하는 것이 아니라 스스로에게 하는 질문으로 한번 바꾸어보세요. 그러면 스스로가 달라지는 것을 느낄 수 있답니다."

어안이 벙벙했다. 스스로가 달라진다고? 도대체 그게 무슨 말인가? 여긴 또 뭐 하는 데고? 갑자기 낭떠러지 끝에라도 서 있는 기분이었다. 여기서 한 발 내디디면 죽음이 기다리고 있는 걸까, 아니면 영원한 행복이 기다리고 있을까?

이런 생각을 하고 있는데 그녀가 살짝 미소를 지으며 말했다.

"비슷해요, 하지만 그렇게 극단적인 건 아니에요."

세상에, 어떻게 내 생각까지 읽고 있는 거지! 어떻게 내 마음을 읽었냐고 묻기도 전에 그녀가 말을 이어갔다.

"지금 그 낭떠러지에서 단 한 발짝 움직이지 않고도 답을 찾을 수 있답니다. 메뉴판에 나와 있는 첫 번째 질문을

읽어보세요. 한 걸음 뒤로 물러서서, 길을 지나다 간판을
읽는 것처럼요."

나는 메뉴판을 내려다보았다. 그랬더니 이제 더 이상
그 질문은 '당신은 왜 여기 있습니까?'가 아니라 '나는 왜
여기 있는가?'로 보였다. 그런데 바로 다음 순간 그 질문
은 다시 원래의 질문으로 되돌아가 있었다.

"어떻게 된 거죠? 메뉴판 글자가 저절로 바뀐 건가요?
어떻게 된 건지……."

"존, 아직은 그 질문에 대한 답을 들을 준비가 안 된 것
같은데요?"

"무슨 뜻이죠? 그리고 글자를 어떻게 바꾼 거죠?"

이제 완전히 뭐가 뭔지 알 수가 없었고, 머릿속이 뒤죽
박죽 엉켜버린 것 같았다. 계속 식당에 앉아 있어도 되는
지 당장 일어서서 나가야 하는지도 판단이 서질 않았다.
그때 케이시가 질문을 던졌다.

"존, 메뉴판의 글자가 바뀐 걸 봤나요?"

"그럼요, 바뀌었다가 다시 원래대로 되돌아갔는데요.
어떻게 된 거죠?"

케이시는 메뉴판을 앞면으로 다시 넘겨서 '주문을 하시기 전에⋯⋯'라는 메시지가 적힌 부분을 가리키더니 말을 이었다.

"말씀드릴게요. 지금 보신 질문, 그러니까 변했다고 하신 그 질문은⋯⋯."

"나는 왜 여기 있는가?'라는 그 질문 말이죠?"

내가 끼어들었다.

"네, 그거요. 그 질문은 가볍게 흘리고 지나갈 부분이 아니에요. 질문을 흘끗 보는 것으로 끝내면 곤란해요. 그 질문 너머에 무엇이 있는지를 보셔야 해요. 그리고 스스로에게 그 질문을 던져보면 세상이 변하는 걸 느낄 수 있을 거예요. 굉장하죠? 그래서 이런 메시지를 맨 앞에 적어둔 거랍니다."

Chapter 08

설명하기 어려운 묘한 느낌

나는 어처구니가 없어서 말문이 막혀버리고 말았다. 한밤중에 세상 어디쯤 있는지도 모르는 카페에 앉아서, 이곳에 방문한 손님들로 하여금 세상이 변하는 경험을 할 수 있도록 도와준다는 메뉴에 대한 이야기를 듣고 있었다. 이건 보통의 휴가와는 거리가 멀어도 너무 멀었다. 하지만 난 여전히 앞으로 전개될 일들에 대해 전혀 감을 잡지 못하고 있었다.

케이시는 말을 이어갔다.

"아시겠어요? 일단 그 질문이 떠오르면 질문에 대한 답을 찾는 것이 존재 이유가 되어버린답니다. 매일 아침 자리에서 일어날 때는 물론이고 하루 종일 그 생각이 머릿속에서 떠나지 않게 되는 거죠. 심지어는 잠을 자는 동안에도 계속 그 생각을 하게 된답니다. 스스로 깨닫지는 못하지만요. 일단 뚜껑을 열면 계속 따라다녀요. 한번 열면 닫기가 매우 어렵거든요."

이제 메뉴판에서 보았던 '당신은 왜 여기 있습니까?'라는 질문이 맨 처음 보았을 때보다 훨씬 더 심오한 의미를 갖고 있다는 것을 느낄 수 있었다. 케이시의 말투로 미루어 짐작하건대 그건 단지 왜 이 카페에 왔냐고 묻는 것은 아닌 듯했다. 한참 이런 생각을 하고 있을 때 케이시가 내 생각을 비집고 들었다.

"맞아요. 그 질문은 이 카페에 들어온 이유를 묻는 것이 아니에요. 존재에 대한 질문이지요."

나는 기가 막혀서 의자 뒤로 깊숙이 눌러앉았다.

"도대체 여긴 뭐 하는 데죠?"

나는 케이시를 쳐다보고 당황스러운 마음을 수습하려 노력하며 계속 말을 이어갔다.

"지금 이야기하는 이 모든 것이 다 고맙긴 한데, 난 그냥 배를 채우려고 여기 왔습니다. 헌데 당신이 하는 말은 왠지 불길하게 들리거든요. 일단 그 질문을 하기 시작하면 매일 그 질문에 대한 생각이 마음에서 떠나지 않는다니, 그게 사실이라면 그런 질문을 할 사람이 누가 있겠어요? 게다가 지금까지 그런 질문에 매달리지 않고도 잘 살아왔는데요."

케이시는 메뉴판을 탁자 위에 놓았다.

"그래요? 진짜 잘 살아오셨어요?"

'잘 살아오셨어요?'라는 물음엔 호의적인 조소의 빛이 어려 있어 그녀의 말은 마치, 잘 살아왔다는 것이 어떤 의미인지 한번 정의라도 해보라는 소리처럼 들렸다.

"많은 사람이 잘 살아가죠. 하지만 어떤 사람들은 그냥 잘 사는 것 이상의 무엇을 찾는답니다. 뭔가 좀 더 의미 있는 것을요."

"그게 그 사람들이 이 '세상 끝의 카페'에 찾아오는 이유라고요?" 나는 비꼬듯 물었다.

"네, 몇몇분은 그렇답니다. 손님도 그래서 여기 이 카페에 찾아오신 거 아닌가요?" 그녀의 목소리는 부드럽고 차분했다.

나는 말문이 막혔다. 어떻게 대답해야 할지 알 수 없었다. 내가 여기에서 무엇을 하고 있는 것인지, 이곳이 어떤 곳인지도 미궁이었다.

솔직히 말해 나는 최근 몇 년 동안, 인생에는 내가 알고 있는 것 이상의 어떤 의미가 있는 게 아닐까 하고 생각해 오던 터였다. 그렇다고 내 인생이 형편없었다는 뜻은 아니다. 때로 좌절하는 순간도 있었지만, 훌륭한 직장에 다니고 있었고 좋은 친구들도 있었다. 평탄했다. 어떤 의미에서는 꽤 괜찮은, 좋은 인생이라 할 수 있었다. 하지만 마음 깊숙한 곳 어디엔가 설명하기 어려운 묘한 느낌이 도사리고 있었다.

"바로 그 느낌 때문에 사람들이 이 질문을 던지게 되는 거랍니다."

케이시는 또 내 마음을 읽고 있었다. 마음을 읽을 수 있는 사람과 마주하고 있다는 사실 하나만으로도 나는 충분히 당황하고 있었지만, 케이시의 말이 맞을지도 모른다는 생각에 더욱 등골이 서늘해졌다. 나는 천천히 숨을 고르고 마음을 가다듬었다. 그리고 케이시가 하는 말에 좀 더 귀를 기울여보기로 했다.

"케이시, 그 질문에 대해 더 이야기해줄 수 있겠어요?"

Chapter 09

보물찾기의 시작

"아까 말씀드린 것처럼 그 질문은 커다란 문 하나를 열어젖히는 것과 같답니다. 마음속에 또는 영혼 속에 일단 그 질문이 떠오르면 모두 그 답을 찾기 위해 노력하게 된답니다. 답을 찾을 때까지 이 질문이 한 사람의 존재에 가장 중요한 부분, 맨 앞자리를 차지하게 되는 거예요."

"그럼 일단 '나는 왜 여기 있는가?'라는 질문을 던지면 그 질문을 무시하지 못하게 된다는 말인가요?"

"아니요. 그 질문을 흘끗 보고 그냥 잊어버리는 사람도 있어요. 하지만 스스로에게 그 질문을 해본 적이 있고, 또 어느 정도 그 답을 찾고자 했던 사람들은 무시하기 어려워지는 거죠."

"그 질문을 하고, 그에 대한 답을 찾으면 어떻게 되는 겁니까?"

"그럼 정말 좋은 소식을 듣게 되지요. 좋은 일이 기다리고 있을 거예요."

그녀는 이렇게 답하며 미소를 지었다.

"아까도 말했지만 그 질문을 던지고 나면 해답을 찾고 싶은 욕심이 커져요. 그리고 그 답을 찾으면 아주 강력한 힘을 느끼게 되죠. 자기가 이곳에 있는 이유, 이 세상에 존재하는 이유, 그리고 사는 이유를 깨달으면 깨달은 대로 살고 싶어져요. 그건 마치 보물 지도에 X 표시된 보물이 숨겨진 곳을 찾아 나서는 것과 같아요. 그 표시를 보면 무시하기 힘들죠. 마찬가지로 존재의 이유를 깨달으면 깨달은 대로 살지 않고 그냥 살아가기가 더 힘들어진답니다."

나는 케이시가 하는 말을 하나도 놓치지 않고 정확히 이해하기 위해 의자 깊숙이 궁둥이를 붙이고 앉았다.

"그러면 상황이 더 나빠질 수도 있지 않나요? 아까 말

한 대로 그런 질문을 던지지 않고 더 잘 살 수도 있는데
요. 그냥 살아왔던 대로 사는 거죠. 지니는 램프 속에 계속
가두어두고요."

"그쪽을 선택하는 사람들도 있어요. 어떤 선택을 하느
냐는 각자에게 달려 있는 거니까."

이제 나는 내가 무슨 말을 해야 할지, 무엇을 해야 할
지, 심지어 무슨 생각을 해야 하는지까지 헷갈리기 시작
했다.

"정말 상대하기 곤란한 문제군요."

"상대한다기보다 직시한다고 표현하는 쪽이 더 낫겠네
요. 아까 말씀하셨던 그 기분 아시죠? 그건 다른 사람이
가르친다고 느낄 수 있는 게 아니에요. 그렇게 느끼라고
누가 강요한다고 느낄 수 있는 게 아니죠. 하지만 어느 순
간이라도 그 기분에서 도망치고 싶으면, 선택하기에 따라
그냥 버리고 떠날 수 있는 그런 거예요."

거기까지 말을 마치고 케이시는 자리에서 일어났다.

"가버린다는 말이 나온 김에 특별히 주문하신 아침 식
사 준비가 잘되고 있는지 가서 확인하고 올게요."

나는 주문한 음식에 대해서는 이미 까맣게 잊고 있었
다. 케이시가 주문한 음식을 들먹이자 새삼스럽게 내가
아직 카페에 앉아 있다는 사실을 깨달았고, 그러자 허기
가 밀려왔다.

Chapter. 10

허기진 줄도 모르는 사람들

얼떨떨한 기분으로 다시 메뉴판을 쳐다보았다. 그리고 첫 번째 질문을 한 번 더 읽어보았다.

당신은 왜 여기 있습니까?

다시 읽어보니 처음 이 자리에 앉아서 읽었던 때와는 전혀 다른 의미의 질문처럼 느껴졌다. 아까 케이시가 했던 말이 떠올랐다.

"그건 바로 우리가 왜 존재하는지, 존재의 이유에 대한 질문이에요."

내 안의 무엇인가가 아까 케이시와 대화를 나누고 있을 때 메뉴판 위에 잠시 나타났다가 사라졌던 질문을 소환시켰다.

나는 왜 여기 있는가?

진심으로 이 질문을 하게 되면 변화가 일어난다고 말한 사실도 또렷이 떠올랐다.

"정말 미치겠군."

나는 혼잣말을 하며 눈을 비볐다.

"지금 나한테 필요한 건 식사와 자동차 연료, 그리고 몇 시간 눈 좀 붙일 수 있는 곳이야. 그런데 난 지금 무슨 생각을 하고 있는 거지? 도대체 뭘 하고 있는 거야?"

물을 반쯤 마시고 컵을 내려놓다 보니 바로 내 자리 앞에 마이크가 물병을 들고 서 있었다.

"물 한 잔 더 드릴까요? 목이 마르시나 본데."

내가 좋다고 하자, 그가 큰 컵 가득 물을 채워주었다.

"전 마이크라고 합니다."

"반갑습니다. 존이라고 합니다."

나는 자리에서 일어나 마이크와 악수를 나누었다.

"괜찮으십니까? 이쪽으로 오면서 보니까 뭔가 아주 골똘하게 생각을 하고 계신 거 같던데요."

"네. 생각을 좀 했습니다."

나는 이렇게 대답하며 다시 자리에 앉았다.

"케이시한테서 메뉴판 맨 앞에 적혀 있는 질문에 대한 설명을 들었습니다. 헌데 여전히 아직도 분명하지 않은 부분이 있어서 그 생각에 몰두해 있었습니다."

그 말을 하면서 문득, 이 마이크란 사나이는 나와 케이시 사이에 어떤 대화가 오갔는지 모를 수도 있겠다는 생각이 스쳤다. 식당 주인은 그이지만 메뉴판에 실린 질문이나 문장은 케이시 작품일 수도 있으니까. 그럼 지금 내가 하는 얘기가 무슨 소린가 싶을 텐데……. 하지만 그가 한 말은 이러한 내 우려를 불식시켜주고도 남았다.

"정말 어려운 질문이긴 합니다. 사람들이 그런 의문을 품게 되는 순간은 모두 제각각입니다. 어떤 사람은 어린 시절에, 또 어떤 사람은 조금 더 커서 그런 의문을 품게 되죠. 죽을 때까지 그런 생각을 해보지 않고 살아가는 사람도 있고요. 우습지요."

마이크는 침착하게 말했다. 그는 다른 세상에서 인생의 중요한 지혜를 깨닫고 몇 번이고 다시 태어난 사람처럼 보였다. 그를 막 만난 상태에서 이렇게 느끼는 건 이상한 일이었지만, 곧 이 카페 전체가 이상하게 느껴졌다.

나는 이 대화를 어떻게 이어 나가야 할지 몰라 잠시 망설였는데, 그 순간 마이크가 손을 뻗어 다시 메뉴판을 넘겼다. 그가 미소 지었다.

"이 질문에 대한 답을 찾으셨나요?"

"네, 그렇긴 한데요." 나는 천천히 대답했다.

"그런데 아직 분명하지 않은 부분이 있다고요?" 그가 물었다.

나는 말을 멈추고 잠시 생각했다. '그냥 직접 물어보는 게 낫겠어.'

"마이크, 아까 케이시가 말하길 이런 질문을 자신에 대한 물음으로 돌려서 생각하면 질문 자체가 달라진다고 했습니다."

이렇게 말하고 나는 메뉴판을 가리켰다.

"그런데 그다음에는 어떻게 해야 하나요?"

마이크가 메뉴판을 쳐다보며 물었다.

"스스로 묻고 그 질문에 대한 답을 알아냈다면, 그다음엔 어떻게 하느냐는 질문인가요?"

그의 질문을 곱씹으며 나는 잠시 침묵했다.

"둘 다요. 그 질문에 대한 답을 어떻게 찾을 수 있는지, 그리고 답을 찾고 나서는 어떻게 해야 하는지에 대해서요. 사실 케이시와는 대화를 많이 나누지 못했습니다. 사람들이 그 문제를 깨닫고 어떤 반응을 보이는지에 대해서는 살짝 언급하긴 했지만……."

"흠…… 답을 찾는 방법에 대해서 모든 사람에게 일률적으로 적용할 수 있는 정답은 없습니다. 사람들은 제각각 자기 방식대로 인생에 접근하거든요. 하지만 지금까지 답을 찾는 데 성공한 사람들이 사용했던 기술 정도는 몇 가지 말씀드릴 수 있을 것 같습니다."

나는 그의 말을 자르고 끼어들려고 하다 그냥 가만히

있기로 했다. 해답을 찾는 방법을 알게 되면 질문을 하지 않고 사는 것 자체가 너무 힘들어질 것 같다는 느낌이 들어서였다.

"맞습니다. 케이시가 아마 설명해드렸을 그 이론하고 똑같은 것이지요."

마이크도 내 생각을 읽고 있다는 것을 눈치채고 나는 또 놀라지 않을 수 없었다. 다른 사람들이 질문에 대한 답을 어떻게 찾았는지 그 방법을 아는 것이 정말 나에게 좋은 일일지 확신이 서지 않았다. 내가 정말 그런 질문을 하고 싶어 하는 것인지조차 아직 알 수 없었기에.

"마이크, 그럼 먼저 이것부터 말씀해주세요. 누군가 그 질문에 대한 답을 찾으면, 그 다음엔 어떻게 하죠?"

마이크는 미소를 지으며 자리에서 일어났다.

"자, 이렇게 하는 게 어떻겠습니까? 먼저 주문하신 음식이 다 되었는지 보고 와서 궁금증을 풀어드리죠. 뭐든 제 시간에 해야 할 일이 있거든요." 나는 혼란스러운 얼굴로 그를 바라봤다. "주문하신 음식이 조금이라도 설익거나 과하게 익어서 나오면 곤란하니까요."

나는 그의 말을 다 이해하는 것처럼 고개를 끄덕였다. 그가 주방으로 돌아간 후 나는 아주 천천히 숨을 들이마시고 내쉬었다. 잠시 동안의 정적이 마음을 좀 진정시켜주었다.

얼마 후 그는 쟁반 한가득 음식을 담아 내 자리로 돌아왔다.

"그게 다 제 겁니까?"

나는 메뉴판의 음식 이름 옆에 붙어 있던 두 단락 정도 되는 문장에 도대체 뭐라고 써 있었는지 의아해하며 물었다. 아까 주문할 때 거기까지는 미처 다 읽어보질 못했던 것이다.

"그럼요. 아침 식사 세트 맞습니다. 오믈렛과 토스트, 햄, 베이컨, 신선한 과일, 해시브라운, 비스킷 그리고 팬케이크."

나는 혹시 같이 나눠 먹을 사람이 없을까 하고 주위를 둘러보았다.

"그리고 토스트에 들어갈 젤리와 팬케이크 시럽, 비스킷에 곁들일 꿀, 오믈렛용 특별 토마토 살사소스까지 있습니다. 배가 고프시다니 얼마나 다행인지 모릅니다."

"아무리 배가 고파도 이걸 다 먹을 수 있을까요? 정말 엄청나게 많네요."

"때로 우리는 자기가 얼마나 허기진 상태인지 미처 깨닫지 못하고 있는 경우도 있답니다."

마이크는 음식을 식탁에 내려놓았다.

"저쪽 손님들과 이야기 좀 하고 왔으면 하는데……. 괜찮으시면 우리가 하던 이야기는 조금 뒤에 계속할까요?"

"괜찮고말고요."

나는 눈앞에 차려진 진수성찬을 보며 대답했다.

"얼마든지……."

Chapter.11

존재 이유를 알면 달라지는 것

나는 식탁 앞에 차려진 음식을 하나씩 공략해나가기 시작했다. 오믈렛과 토스트를 끝내고 나서 과일을 먹고 있는데 케이시가 다가왔다.

"음식이 입에 맞으세요?"

나는 씹고 있던 음식을 꿀꺽 삼키고는 답했다.

"맞고말고요. 정말, 진짜 맛있어요."

"기분도 훨씬 좋아지신 것 같네요."

확실히 그랬다. 카페 문을 들어설 때 나를 압도하고 있던 짜증스러운 기분은 이제 거의 다 사라지고 없었다. 그리고 '당신은 왜 여기 있습니까?'라는 질문과 그 이후 이어진 토론에 깊이 빠져든 나머지 낮에 있었던 교통 체증 같은 문제들은 다 부차적인 것이 되어버리고만 느낌이었다. 엄청나게 맛있는 오믈렛도 이 변화에 일조했다.

"조용히 혼자 마저 드시겠어요? 아니면 말동무라도 해드릴까요?"

"말동무가 있으면 좋죠. 사실 아까 나누던 이야기를 계속하고 싶었어요. 생각해봤는데 아직도 이해되지 않는 게 있어서요."

"어떤 점이 그렇지요?"

"메뉴판에 있던 질문으로 돌아가 볼까요? 아까 그 질문에 대한 답을 찾은 사람들 말이에요. 답을 찾은 다음에는 어떻게 하던가요?"

케이시는 잠시 머뭇거리더니 말했다.

"무엇보다 자기가 원하는 대로 해요. 일단 답을 찾으면 그건 자기 것이거든요. 자기 것을 찾았으니까 그것으로 무엇을 하든 그건 자기 마음이지요."

나는 케이시의 말을 곱씹어보고 말했다.

"자기가 여기 존재하는 이유를 깨달은 사람이 있다고 칩시다. 그러면 그 깨달음을 실천할 수 있는 최선의 방법을 찾으려 하겠죠. 따라서 제 질문은 어떻게 그 깨달음을 실행할 수 있느냐 하는 겁니다."

케이시를 쳐다보니 그녀는 이미 내 질문에 대한 답을 알고 있는 듯했다. 단지 내가 스스로 그 길을 찾아내기를 기다리느라 말을 아끼는 느낌이었다.

"그건 사람에 따라 달라요."

그녀의 답이었다. 케이시를 쳐다보며 내가 물었다.

"힌트라도 좀 줄 수 없나요?"

"예를 들어드리면 도움이 될지 모르겠네요. 살면서 남는 시간을 활용해 예술가가 되고 싶다고 가정한다면 어떨까요? 그러면 어떤 종류의 예술 작품을 남기고 싶으세요?"

나는 잠시 생각했다.

"모르겠어요. 어떤 종류의 예술가가 되고자 하느냐에 따라 다르겠죠. 하지만 그게 뭐든 원하는 것이라면 무엇이든 해보려고 할 것 같은데요."

나는 여기에서 일단 말을 멈추고 케이시가 조언해주기를 기다렸다. 하지만 그녀는 침묵했고 나는 스스로 답을 생각해보았다. 그러고는 이렇게 물었다.

"그게 그렇게 간단한 거였나요? 자기가 존재하는 이유를 깨닫고 나면 그다음에는 그 깨달음을 실행에 옮기기 위해 무엇이든 하면 되는 거 아닌가요?"

이 말을 내뱉음과 동시에 나는 전율을 느꼈다. 그것은 마치 내가 무엇인가 특별하면서도 중요한 것을 발견했고, 그것을 내 몸 안의 세포 하나하나가 다 확인시켜주고 있는 듯한 느낌이었다. 그런데 그 깨달음의 내용이 너무나 간단한 것이어서, 내가 찾던 정답과는 거리가 먼 것처럼 느껴지기도 했다.

'존재 이유를 충족시키기 위해 필요한 것을 하면 된다.' 이렇게 단순할 수 있다니.

"그럼 나의 존재 이유가 다른 사람들을 도와주기 위한 거라면 어떻게 다른 사람들을 도와주는 것이 좋을지 스스로 판단하고 그 판단에 맞는 일을 해야 한다는 의미가 되겠네요?"

나는 열변을 토하기 시작했다.

"맞아요. 다른 사람들을 돕는 것이 의료계에 종사하는 거라면 그렇게 하는 거지요. 또한 가난한 사람들을 위해 집을 지어주는 것이 다른 사람을 도와주는 거라면 그렇게 하면 되고요. 회계사가 되어서 세금 문제로 고민하는 사람들을 도와줄 수 있다면 회계사가 되는 거지요."

현기증이 일었다. 지금까지 한 번도 그런 관점에서 내 삶을 바라본 적이 없었다. 나는 인생을 살아오면서 가족들이 해주는 조언을 따르거나 보이지 않는 사회적 압박에 눌려, 또는 사람들의 의견을 좇아 결정을 내리며 사는 데 익숙해져 있었다. 이런 시각은 확실히 새로운 것이었다.

"만약 내 존재 이유가 백만장자를 경험해보는 거라면 어떻게 되죠?"

"그럼 백만장자에 대해 정의를 내리고, 그 정의를 달성하기 위해 뭐든지 해야죠. 그게 백만장자들과 사귀는 것이라면 백만장자와 사귀어야죠. 또는 그게 백만장자가 될 때까지 돈을 벌기 위해 일하는 것이라면 일을 해야 하고요. 아까도 말했듯이 선택은 스스로 하는 거랍니다."

"백만장자가 된다, 그것참 괜찮은 생각인데요."

나는 점점 더 열을 올렸다.

"차도 몇 대 더 사고, 집도 두세 채 정도 더 장만해야겠어요."

그러자 케이시의 목소리가 차분해졌다.

"다 좋아요. 그런데 그게 정말 당신이 여기 존재하는 이유인가요?"

그 질문을 듣자 갑자기 마음이 차분하게 가라앉았다.

"모르겠습니다."

케이시가 고개를 끄덕였다.

"메뉴판에 있는 질문을 다시 한 번 보시겠어요?"

나는 메뉴판을 다시 내려다보았다.

'당신은 왜 여기 있습니까?'로 보였던 질문이 '나는 왜 여기 있는가?'로 바뀌어 있었다. 나는 놀라움 가득한 얼굴로 케이시를 쳐다봤다.

"자기가 세상에 존재하는 이유를 알게 되었을 때, 이를 일컬어 '존재의 목적'을 찾았다고 하는데, 인생을 살면서 바로 이 존재의 목적을 충족시키기 위해 열 가지 일을 할 수도 있고, 스무 가지 또는 수백 가지의 일을 하게 될 수도 있어요. 존재 목적을 충족시키기 위한 일이라면 뭐든 할 수 있답니다. 가장 행복한 사람은 바로 자신의 존재 목적을 찾아내고 그 목적을 이루는 데 도움이 되는 일을 하는 사람이랍니다."

"덜 행복한 사람들은 어떻죠?"

"덜 행복한 사람들도 많은 일을 해요."

케이시는 잠시 말을 멈추었다. 나는 마음 한구석에 불현듯 떠오른 생각을 말로 내뱉었다.

"그 사람들은 존재 이유와 무관한 일을 많이 하겠죠."

이 말에 케이시는 미소를 지었고, 나는 이것이 바로 내가 끌어내야 할 결론의 일부임을 깨달았다.

"케이시, 내가 나의 존재 이유를 찾아냈다고 합시다. 그러면 그 존재 이유를 만족시켜줄 수 있는 것이 무엇인지는 어떻게 알 수 있지요? 존재 이유를 충족시켜줄 수 있는 방법은 사람을 통해서일 수도 있고 여행이나 취미 활동 등 온갖 다양한 경험이 될 수 있는데, 너무 광범위하지 않나요?"

"존, '내 존재 이유는 자동차를 어떻게 만드는지를 아는 것이다'라고 해볼게요. 그리고 그 존재 이유를 충족시키기로 결심했다고 합시다. 그러면 어떻게 하시겠어요?"

나는 잠시 생각에 잠겼다.

"그러면 우선 자동차에 대한 책을 많이 봐야겠죠. 그리고 견학 가서 자동차 제조과정을 직접 지켜보거나 자동차 만드는 사람을 찾아가 조언을 구할 것 같아요. 자동차 조립 공장에서 일을 해볼 수도 있겠죠."

"그럼 한 곳에 머물면서 하시겠어요?"

나는 잠깐 생각에 잠겼다.

"아니요, 진짜 차를 만드는 방법을 알고 싶다면 자동차 만드는 곳을 찾아 세계 이곳저곳을 다녀야 할 것 같아요. 그래서 한 가지 방법이 아니라 여러 가지 방법을 찾아내겠지요. 아까 제가 했던 질문에 대한 답이 저절로 나오네요. 사람은 자기의 존재 목적을 탐험하고 그와 관련한 수많은 일을 직접 몸으로 부딪쳐보면서 그 존재 목적을 충족시켜나가는 것 같아요."

"맞아요. 우리는 모두 자기가 가진 현재의 경험이나 지식 안에 갇혀 있어요. 여기서 중요한 단어는 바로 '현재'입니다. 우리는 마음만 먹으면 그 어느 때보다도 쉽게 갖가지 정보라든가, 여러 분야의 사람들, 다양한 문화와 접할 수 있어요. 존재 목적을 달성할 수 있는 방법을 찾을 때 가장 큰 장애물은 접근성의 한계가 아닙니다. 우리 스스로가 그런 정보나 사람, 문화에 접하는 것 자체를 거부하는 게 문제지요."

"맞는 말이에요. 나부터도 얼마든지 새로운 시도를 할 수 있는데 그 가능성을 잘 활용하지 못하고 살고 있는 것 같습니다. 하루하루 반복되는 내 인생을 되돌아보면 그날이 그날인 것 같아요. 변화가 거의 없습니다."

"그렇게 된 이유가 뭘까요?"

나는 다시 한 번 메뉴판을 내려다보았다.

당신은 왜 여기 있습니까?

"그건 바로 내가 이 질문에 대한 답을 찾지 못했기 때문이겠죠."

나는 이렇게 말하면서 메뉴판을 가리켰다.

"내가 왜 여기 존재하는지, 그리고 뭘 해야 할지도 모르면서 그냥 대부분의 사람들이 하는 대로 따라 하며 살아왔으니까요."

"지금까지 경험에 비추어보면, '대부분의 사람들'이 하는 대로 따라 하는 것이 존재 목적을 달성하는 데 도움이 되던가요?"

파도 위의 녹색 바다거북

대부분의 사람들이 하는 대로 따라 하는 것이 존재 목적을 달성하는 데 도움이 되느냐는 질문에서 나는 말문이 막혔다. 가슴이 뛰었다.

"존, 녹색 바다거북을 본 적이 있나요?"

"바다거북이요?"

"예, 바다거북이요. 그중에서도 발이랑 머리에 녹색 반점이 난 바다거북이요."

"사진으로는 본 것 같은데, 왜요?"

"좀 이상하게 들릴지 모르지만 저는 하루하루를 어떻

게 살아야 하는가에 대한 인생의 지혜를 녹색 바다거북한
테서 배웠어요."

"바다거북이 뭐라고 하던가요?"

나는 얼굴에 번지는 웃음을 참지 못하고 물었다.

"우습죠?"

케이시는 내게 미소를 지었다.

"바다거북이 구체적으로 어떻게 하라고 '말을 해주진'
않았어요. 하지만 말하지 않고도 많은 것을 가르쳐주었
죠. 그때 저는 하와이에서 스노클링을 즐기고 있었답니
다. 바다거북을 만나기 전에도 이미 특별한 날이었어요.
왜냐면 그날 생전 처음으로 얼룩무늬 보라색 뱀장어와 문
어를 보았거든요. 또 그곳 바다에는 셀 수도 없을 만큼 많
은 물고기가 있었어요. 눈에 확 띄는 화려한 야광 파란색
부터 짙은 붉은색까지 상상할 수 있는 모든 다양한 색깔
의 물고기 떼가 유영하고 있었으니까요."

"저는 그때 해변에서 한 30미터쯤 떨어진 데 솟은 큰 바
위들 사이에서 스노클링을 하고 있었어요. 그런데 제 바
로 오른쪽으로 녹색 바다거북이 유유히 헤엄을 치면서 지

나가는 거예요. 야생의 바다거북을 본 건 처음이었죠. 얼마나 황홀했는지 몰라요. 저는 수면 위로 올라와 스노클을 벗고 물 위에 동동 떠 있었어요. 바다거북을 자세히 보려고요."

"아래쪽을 내려다보니 바다거북은 바로 제 발밑에서 먼바다 방향으로 헤엄쳐 가고 있었어요. 저는 그냥 수면 위에 떠서 한동안 바다거북을 지켜보기로 했지요. 바다거북은 발을 흔들기도 하고 그냥 물 위에 떠 있기도 하면서 아주 천천히 움직이는 것처럼 보였어요. 하지만 막상 제가 바다거북을 따라가려고 하니까 도저히 따라잡을 수가 없었어요. 의외였죠. 그때 저는 물갈퀴를 끼고 있어서 제법 빠르게 헤엄칠 수도 있었고, 속도를 내는 데 방해가 될 만한 구명조끼 같은 것도 안 입고 있었거든요. 그런데 아무리 애를 써도 바다거북을 쫓아갈 수가 없는 거예요. 결국 바다거북은 점점 제게서 멀어져 갔죠."

"그렇게 한 10분쯤 흘렀을까? 바다거북은 완전히 눈앞에서 사라지고 말았어요. 피곤하기도 하고, 한편으로는 느려 터지기로 유명한 거북도 따라잡지 못한 게 창피해서 저는 해변으로 돌아왔답니다."

"다음 날 혹시 또 바다거북을 볼 수 있을까 싶어서 같은 곳으로 헤엄쳐 갔어요. 바다거북을 만났던 장소에서 한 30분쯤 놀고 있었더니 검은색과 노란색 물고기 한 떼가 지나간 후 드디어 또 다른 녹색 바다거북 한 마리가 나타나더군요. 저는 바다거북이 산호초 근처를 유영하는 모습을 지켜보았어요. 그리고 바다거북이 해안가에서 멀리 바다 쪽으로 헤엄을 치기 시작하자 따라가기 시작했지요. 그런데 이번에도 허탕이었어요. 아무리 애를 써도 거북을 따라잡을 수 없다는 것을 깨닫고 저는 그냥 물 위에 동동 뜬 상태로 거북을 지켜보았어요. 그때 저는 인생에 대해 중요한 교훈을 얻었죠."

여기까지 이야기하고 케이시는 말을 멈췄다.

"사람 잔뜩 궁금하게 만들어놓고……. 어서 계속해봐요. 뭘 배웠는데요?"

케이시는 가볍게 웃으며 슬쩍 농담을 했다.

"바다거북이 말을 할 수 있다는 걸 안 믿으시는 줄 알았는데요……."

나도 미소를 지으며 답했다.

"말을 했다는 건 여전히 믿기지 않지만 이야기가 전개되는 모양새를 보니 뭔가 가르쳐주었다는 말은 그럴싸하게 들리는데요. 그래서 그다음엔 어떻게 됐어요?"

"물 위에 둥둥 뜬 채로 가만히 지켜보니까, 바다거북은 물의 흐름에 맞춰 움직이고 있더라고요. 파도가 바다거북 쪽으로 다가올 때 거북은 그냥 떠 있기만 했어요. 그냥 그 자리에서 자세를 유지할 수 있을 정도로만 파닥거렸죠. 그러다가 파도가 먼바다 쪽으로 쓸려갈 때는 열심히 파닥거리는 거예요. 자기가 나아가려는 방향으로 갈 때 파도의 힘을 적극 활용하고 있었던 거예요."

"바다거북은 결코 파도를 거스르는 방향으로 헤엄치지 않았어요. 대신 파도를 이용했죠. 제가 바다거북을 따라잡을 수 없었던 건, 저는 파도의 흐름과 상관없이 계속 파닥거렸기 때문이었어요. 처음에는 크게 무리가 없었어요. 적어도 바다거북을 놓치지는 않았으니까요. 사실 바다거북과 속도를 맞추기 위해서 일부러 다리를 좀 천천히 휘저어야 할 때도 있었죠. 그런데 밀려드는 파도를 거스르

95

면 거스를수록 더 피곤해지는 거예요. 그러다 보니 파도가 쓸려 나갈 때는 이 파도를 이용해서 빨리 나아갈 힘이 남아 있지 않았던 거죠."

"파도치는 횟수가 늘어날수록 저는 점점 더 지치고 효율이 떨어졌어요. 하지만 바다거북은 파도의 흐름을 최적의 상태에서 잘 활용하고 있었기 때문에 저보다 훨씬 더 빨리 헤엄쳐 갈 수 있었던 거예요."

"케이시, 그 거북 이야기 굉장히 재미있는데요."

그러자 케이시가 내 말을 고쳐줬다.

"녹색 바다거북 이야기죠."

"그래요, 녹색 바다거북 이야기. 정말 재미있네요. 특히나 바다를 좋아하는 저한텐 더더욱요. 하지만 아직도 이 이야기와 사람들이 하루하루를 충족시키면서 사는 것이 어떤 관계가 있는지는 감이 잘 안 오는데요."

"알았어요, 잠깐만."

파도와 씨름하는 사람들

나는 녹색 바다거북 이야기를 하기 전에 나누었던 대화 내용을 생각해보았다. 그러고는 다시 말을 꺼냈다.

"세상에 존재하는 이유, 즉 존재 목적을 깨닫게 되면 그 것을 충족시킬 수 있는 일을 하면서 살 수 있다고 하셨죠. 또 존재 목적을 알지 못하는 사람은 이것저것 잡다한 일 을 하는 데 많은 시간을 보낸다고 했습니다. 그래서 제가 이런 말을 했죠. 존재 목적을 달성하는 데 도움이 되지 않 는 일을 하면서 세월을 보내는 사람들도 많다고."

"잘 기억하고 계시네요. 이제 거기서 조금만 더 나아가면 큰 깨달음을 얻을 수 있을 것 같네요."

"맞습니다."

나는 대답하면서 케이시의 밝은 미소를 바라보았다.

"제 생각에 그 거북은…… 그 녹색 바다거북은 우리가 원하지 않는 일을 하며 인생을 보내고 있다는 것, 헛된 짓으로 많은 에너지를 낭비할 수도 있다는 이야기를 해준 것 같아요. 지금 쓸데없는 일에 에너지를 낭비하고 있기 때문에 나중에 진짜 원하는 것을 할 수 있는 순간이 왔을 때 그 일을 하는 데 쓸 힘이나 시간이 남아 있지 않을 수도 있다, 뭐 그런 걸 가르쳐준 게 아닌가요?"

"아주 멋져요. 그리고 그냥 거북이라 하지 않고 녹색 바다거북이라고 정확히 지칭해주셔서 정말 감사해요."

그러고는 짐짓 심각한 어조로 덧붙였다.

"제게는 정말 의미 깊은 순간이었어요. 제 인생에서 '아하! 이거구나' 하고 깨달은 몇 안 되는 순간이었죠. 주위를 한번 둘러보세요. 우리에게 무엇인가를 하라고, 시간과 에너지를 투자해서 이것저것 해보라고 권유하는 사람이 너무 많지 않은가요? 우편물만 해도 그래요. 각종 광고 우편물에서 홍보하는 모든 행사나 세일, 서비스에 다 응하고 산다면 정말 자기 자신에게 남는 시간은 눈곱만큼도 없을 거예요. 그냥 우편물에서 부추기는 내용만 해도 그런데 텔레비전을 보는 동안 우리의 관심을 끌기 위해 기를 쓰는 그 모든 광고물을 한번 생각해보세요. 여기로 먹으러 와라, 여기 이 여행지가 좋다……. 그것들이 시키는 대로 끌려가다 보면 금세 다른 사람들이 하는 대로, 또는 다른 사람들이 원하는 대로 살고 있는 자신을 발견하게 될 거예요.

두 번째 날 녹색 바다거북을 보고 해변으로 돌아와 많은 생각을 했어요. 그래서 모래 위에 수건을 깔고 앉아 글을 쓰기 시작했죠. 내 인생에서 밀려오는 파도는 바로 내 관심을 끌고 시간과 에너지를 가져가려 하는 모든 사람, 일 그리고 사물이라는 걸 알았어요. 내 인생의 진정한 목적과는 무관한 것들이요. 그리고 밀려가는 파도는 바로 내 존재 목적을 충족시키는 것을 도와줄 모든 사람, 일, 사물이라는 걸 깨달았죠. 지금 밀려오는 파도와 씨름하는 건 쓸데없는 일에 에너지를 낭비하는 거라는 사실을…….

그러고 나면 나중에 밀려가는 파도에 쓸 힘이나 시간이 남아 있지 않을 수도 있다는 사실을 깨달은 거지요. 여기까지 생각이 미치니 모든 게 새롭게 보이기 시작했어요. 그때부터는 어떤 상황에 얼마나 에너지를 쏟아야 할지, 그리고 무엇을 위해 열심히 파닥거려야 할지 더 많이 생각하게 되었어요."

"정말 재미있네요."

나는 그녀의 이야기를 되새기며 나의 하루하루를 반추해보았다.

"이제 녹색 바다거북한테서 무엇을 배웠는지 확실히 알겠어요."

그러자 케이시가 자리에서 일어났다.

"그러실 줄 알았어요. 그런데 이야기에 정신이 팔려 식사를 제대로 못 하신 것 같아요. 더 드세요. 전 조금 있다 다시 올게요."

"케이시, 종이와 펜 좀 빌릴 수 있을까요?"

"그럼요."

그녀는 앞치마에서 펜 한 자루를 꺼내고, 주문 용지를

한 장 찢어 탁자 위에 올려놓았다.

"계산해보시면 놀랄 거예요."

케이시는 이렇게 말하며 살짝 윙크를 했다.

"아니 그걸 어떻게……?"

이미 저만치 가고 있는 케이시의 등 뒤에서 나는 그만 어안이 벙벙해지고 말았다.

정신을 수습하고 나서 나는 케이시가 말한 대로 열심히 계산을 하기 시작했다. 기대수명을 만 78세로 잡고, 대학 졸업할 때쯤 나이가 만 22세, 하루에 깨어 있는 시간이 열여섯 시간, 이메일과 우편물을 훑어보는 데 드는 시간은 하루에 20분…….

계산이 끝났을 때 나는 놀라지 않을 수 없었다. 믿기지 않아 다시 계산을 해봐도 결과는 마찬가지였다.

케이시가 한 말은 허튼소리가 아니었다. 대학 졸업 후 78세까지 매일 20분을 읽으나 마나 한 이메일과 우편물을 보는 데 소비한다면 결국 나는 내 인생에서 꼬박 1년을 그 쓸데없는 광고들을 살펴보는 데 허비하는 셈이었다. 대학 졸업 후 남는 인생은 56년 정도. 그 귀중한 56년의 시간 중에서 꼬박 1년을 그런 쓸데없는 일에 허비하다니! 나는 세 번째 계산도 마쳤는데, 역시 내 계산은 틀리지 않았다.

"어때요?"

케이시였다. 그녀는 아까부터 내 자리 가까이 서 있었던 듯한데 나는 계산하는 데 정신이 팔려 그녀가 다가오는 것도 의식하지 못하고 있었다.

"맞아요. 놀랐습니다. 사실 놀랐단 말로는 부족합니다. 충격적이라고 해야겠네요. 아무 의미도 없는 광고들 때문에 내 인생에서 귀중한 1년이란 시간을 낭비하고 있었다니······."

케이시는 소리 없이 미소를 지었다.

"하지만 모든 이메일이나 우편물이 다 광고는 아니죠."

"그렇긴 하죠. 하지만 적어도 저한테 오는 이메일과 우편물의 대부분은 광고가 맞아요. 그리고 이 광고들 이외에도 이렇게 내 시간과 에너지를 매일 잡아먹고 있는 파도가 또 무엇이 있을까 생각하고 있었습니다."

"계속 생각해보세요. 녹색 바다거북하고 보낸 시간이

제 인생에 큰 영향을 미친 이유도 바로 그런 생각을 계속했기 때문이랍니다."

케이시는 미소를 짓고 다른 테이블의 손님들을 향해 몸을 돌렸다.

Chapter 14

지금 이 순간 내가 원하는 것

나는 팬케이크를 공략하기 시작했다. 팬케이크도 역시 맛있었다. 나는 식사하면서 조금 전 마이크, 케이시와 나눈 대화 내용을 반추해보았다. 우리의 대화는 사람들이 카페에서 흔히 나누는 그런 종류의 대화라고 할 수 없었다. 당신이 세상에 존재하는 이유는 무엇입니까? 그 이유를 깨닫게 되면 무엇을 하겠습니까? 녹색 바다거북한테서 무엇을 배울 수 있을까요? 카페에서 이런 주제로 대화를 나누는 사람들이 몇이나 될까?

과일 접시를 비우고 있는데 마이크가 다가왔다.

"음식은 마음에 드세요?"

"훌륭해요. 정말 맛있습니다. 지점을 내셔야겠어요. 분명 떼돈을 버실 수 있을 겁니다."

마이크가 미소 지었다.

"이미 한 재산 번 걸요."

나는 그 말을 듣고 대뜸 이렇게 말했다.

"그럼 왜 하필 이런 곳에서 장사를 하고 계신 거죠?"

아차 했을 때는 이미 내뱉은 말을 주워 담을 수 없었다.

"미안합니다. 이곳이 멋진 장소가 아니란 뜻은 아니고, 단지 그냥…… 어쩌다 보니 그냥 무심코 나도 모르게 그런 말이 튀어나와 버렸네요."

"괜찮습니다. 그런 질문 처음 듣는 것도 아닌걸요. 혹시 휴가 갔다가 어부를 만난 사업가 이야기 들어보셨나요?"

"아뇨."

"2년쯤 전까지만 해도 꽤 유행했던 이야긴데 한번 들어보시겠어요? 지금 말씀하신 지점 내는 것과도 관련된 이야기이거든요."

"네."

마이크는 이야기를 시작했다.

어떤 사업가가 모든 것에서 벗어나 재충전을 위해 휴가를 떠났다. 비행기를 타고 한참을 날아가 낯선 나라의 작은 마을에 도착한 사업가가 선택한 첫 번째 휴가 즐기기 방법은 사람을 관찰하는 것이었다. 그렇게 며칠 동안 마을 사람들을 관찰했더니 그 마을에서 한 어부가 가장 행복하고 만족스럽게 살고 있는 것처럼 보였다. 그 어부에게 흥미를 느낀 사업가는 어느 날 어부에게 다가가 매일 무엇을 하며 사느냐고 물었다.

어부는 매일 아침 일어나 아내와 아이들이랑 아침 식사를 하고, 아침 식사를 마치면 아이들은 학교에 가고, 자기는 고기 잡으러 가며, 아내는 그림을 그린다고 했다. 몇 시간 동안 낚시를 해서 가족들과 충분히 먹을 만큼 생선을 잡고 나면 낮잠을 자고, 저녁을 먹은 뒤에는 아내와 바닷가를 산책하며 석양을 바라보고, 아이들은 바다에서 수영을 한다고 했다.

사업가는 그 이야기를 듣고 몹시 놀라서 물었다.

"매일 그렇게 산다고요?"

"거의 날마다죠. 다른 일을 하는 날도 있기는 하지만 보통 그렇게 하루를 보냅니다."

어부가 대답했다.

"매일 고기가 잡히나요?"

"예, 고기는 많습니다."

"가족들이 먹을 것보다 더 많이 잡히지는 않나요?"

어부는 미소를 지으며 답했다.

"그럼요, 간혹 너무 많이 잡혀서 일부는 다시 바다에 놔준답니다. 전 낚시를 좋아하거든요."

"그럼 온종일 일해서 물고기를 최대한 많이 잡으면 어때요? 그럼 잡은 걸 내다 팔아서 돈을 많이 벌 수 있지 않습니까? 그 돈으로 배를 두세 척 사고 그 배에서 일할 어부들을 고용해 고기를 많이 잡게 하는 거예요. 그럼 몇 년 내로 큰 도시에 사무실을 열 수 있을 테고, 그리고 나선 한 10년 안에는 국제적인 어류 물류상이 될 수도 있을 겁니다."

"뭐 하러 그렇게 하죠?"

어부는 사업가에게 미소 지으며 물었다.

"돈을 벌기 위해서죠. 그렇게 해서 돈을 많이 벌고 그런 다음 은퇴하는 겁니다."

"그럼 은퇴하고 나서는 무엇을 하죠?"

어부는 이런 질문을 하며 여전히 미소를 띠고 있었다.

"원하는 건 뭐든지요."

"예를 들어 가족들과 아침 식사를 하는 거요?"

사업가는 어부의 반응이 신통치 않자 약간 실망하며 이렇게 답했다.

"그런 것도 있겠네요."

"그리고 저 같은 경우는 낚시를 좋아하니까, 매일 몇 시간 정도 낚시를 즐길 수도 있겠네요?"

"못할 것도 없지요. 아마 그때쯤이면 바다에 고기가 그리 많이 남아 있진 않겠지만 그래도 조금은 있을 겁니다." 사업가가 답했다.

어부는 또다시 말했다. "아내와 해변을 산책하며 저녁 시간을 보내고 해지는 것도 함께 바라보고, 아이들은 바다에서 수영을 할 수도 있겠죠."

"그럼요. 원하는 것은 무엇이든…… 그때쯤이면 애들은

다 자랐겠지만……." 사업가의 답이 돌아왔다.

어부는 미소 지으며 악수를 하고 사업가에게 잘 쉬고 충전 잘하라는 말을 남기고 돌아갔다.

마이크는 말을 마치고 나를 쳐다보았다.

"어때요? 존."

"그 사업가, 저하고 조금 닮은 거 같네요. 저는 일하는 데 너무 많은 시간을 할애했어요. 나중에 퇴직하고 나서 먹고살 돈을 충분히 모으고 싶었죠."

"저도 그랬어요. 하지만 어느 날 아주 중요한 사실을 깨달았어요. 퇴직은 미래의 일이고 내가 퇴직하는 그 미래에 나는 원하는 것을 모두 할 수 있을 만큼 돈이 많겠죠. 그때쯤이면 내가 원하는 취미 활동도 하고 그러면서 만족스럽게 하루하루를 보낼 겁니다. 그런데 어느 날 직장에서 정말 힘든 하루를 보내고 난 뒤 '이게 아니다'라는 결론에 도달했어요. 내가 현재를 어떻게 살아야 할지 잘 모르고 있다는 사실을 깨달은 겁니다. 이 간단명료한 사실을 깨닫고 나서는 몹시 허탈했지만 그래도 그건 좋은 깨달음이었습니다."

나는 마이크를 바라보며 정확히 무엇을 깨달았는지 물어보았다.

"나는 매일매일이 바로 내가 원하는 것을 하며 살 수 있는 소중한 순간임을 깨달았습니다. 아까 메뉴판에서 잠깐 보셨던 그 질문에 대한 답, 즉 내가 하고자 하는 일을 하면서 만족스럽게 살 수 있는 순간이 바로 오늘이라는 걸 깨달은 거죠. 퇴직할 때까지 기다릴 이유가 없었던 겁니다."

나는 식사를 멈추고 포크를 식탁에 내려두었다. 그리고 의자에 기대어 앉았다.

너무도 단순 명료한 진리를 깨닫고 놀랐기 때문이다.

"하지만 그게 그렇게 간단한 거라면, 그렇게 단순한 거라면, 왜 모든 사람이 자기가 원하는 것을 하며 살지 못하는 거죠?"

"글쎄요, 제가 모든 사람을 대변할 수는 없고……. 존, 그러면 당신은 원하는 일을 하며 살고 있나요?"

대화가 이런 식으로 흘러 내가 이 질문에 답해야 할 줄은 꿈에도 몰랐다. 계속 이야기를 하는 쪽은 마이크이고 나는 듣기만 하면 되리라 생각했는데……. 나는 마이크가 던진 질문을 잠깐 생각해보고 이렇게 답했다.

"그런 것 같지 않네요."

"왜죠?"

"솔직히 저도 잘 모르겠어요. 대학에 들어갈 때는 뭘 전공해야 할지 확실히 몰랐습니다. 그러다 결국에는 제가 좀 좋아하기도 하고 사람들이 졸업하고 나서 취직이 잘된다고 말하는 그런 과를 골랐죠. 대학을 졸업하고 취직하고 점점 더 돈 버는 일에 몰두했습니다. 결국에는 꽤 많은 월급을 받게 됐고, 그러면서 지금 이 방식에 젖어 들어 살게 된 것 같습니다. 사실 지금까지 그런 질문을 스스로 해본 적도 없는 것 같네요."

나는 메뉴판을 가리키며 말했다.

"지금 이 순간, 오늘 밤까지는요."

"아까도 말했지만, 그런 질문은 예상치 못한 때, 예기치 못한 장소에서 불쑥 나타난답니다."

"정말 이상해요."

"뭐가요?"

"우리가 방금 나눈 이야기 말이에요. 왜 우리는 앞으로 할 수 있는 일, 앞으로 원하는 것에 대한 준비를 하는 데 많은 시간을 보내며 사는 걸까요? 그냥 지금 당장 이 순간 원하는 것을 하며 살지 않고."

"그 질문에 대해 혜안을 제시해줄 수 있는 분을 만나게 해드릴까요?"

마이크는 이렇게 말하며 자리에서 일어나 케이시가 손님들과 이야기를 나누고 있는 쪽으로 갔다. 그쪽에서 무슨 이야기를 하고 있는지 내 자리까지 들리지는 않았지만, 조금 뒤 그들 중 한 명이 자리에서 일어나 마이크와 함께 내 쪽으로 걸어왔다.

원하지도 않는 일을 하는 이유

내 자리로 다가와 마이크가 같이 온 사람을 소개했다.

"존, 제 친구 앤을 소개합니다. 앤, 이분은 존인데 오늘 우리 카페에 처음 오셨어요."

앤은 미소를 지었고, 우리는 악수를 나누었다. 내가 먼저 말을 건넸다.

"반갑습니다. 이 카페에 자주 오시는 모양이지요?"

"네, 가끔 와요." 그리고 앤은 이렇게 덧붙였다.

"이 카페는 가장 필요할 때 저절로 발길이 닿는 그런 곳이거든요."

"그렇지 않아도 그런 생각을 하고 있었습니다."

"앤, 존과 함께 앤이 가장 좋아하는 주제에 대한 이야기를 나누고 있었어요. 그러다 전문가의 의견을 들어보는 게 좋을 것 같아서 이쪽으로 모셨지요."

마이크가 이렇게 말하자 앤이 소리 내어 웃었다.

"글쎄, 전문가 소리를 들을 자격이 있는지는 모르겠지만, 제 의견을 듣고 싶다면 얼마든지 들려드릴 수 있지요. 무슨 얘기를 하고 계셨는데요?"

"존은 왜 우리가 지금 당장 하고 싶은 일을 하지 않고 미래를 대비하느라 시간을 허비하고 있는지, 그 문제에 대해 의문을 제기했어요."

"아, 정말 제가 가장 좋아하는 주제네요."

앤은 이렇게 말하며 또다시 소리 내어 웃었다. 앤의 웃음에는 일종의 전염성이 있었다. 그 웃음소리를 한번 들으면 앤을 좋아하지 않을 수가 없으리란 생각이 스쳤다.

"여기 앉아서 대화를 나누시죠."

"그래요, 다들 같이 앉아 이야기를 나누면 좋을 것 같습니다."

내가 이렇게 말하자 두 사람은 탁자를 사이에 두고 내 맞은편에 앉았다. 그리고 마이크가 먼저 입을 열었다.

"자, 앤이 이야기보따리를 풀어놓기 전에 앤에 대한 소개 말씀을 간략히 드리겠습니다. 앤은 명문대학에서 마케팅을 전공했고, 박사학위까지 받았습니다. 그리고 몇 년 동안 유명한 광고 회사에서 임원으로 일했어요."

"와, 정말 대단한 분이군요."

"뭐 꼭 그렇다고 할 수는 없지만 우리 대화 주제의 맥락에서는 중요한 부분이라고 할 수 있겠죠."

앤은 이렇게 말하며 미소를 지었다.

"존, 텔레비전이나 잡지 즐겨 보세요? 라디오도 들으시나요?"

"네, 가끔요. 헌데 그런 질문을 하시는 이유는?"

"왜 사람들이 하고 싶은 일을 지금 하지 않고 나중을 준비하느라 시간을 허비하고 있는지, 그 문제에 대한 답이 바로 우리 눈앞에 매일 전개되는 그런 메시지에 담겨 있거든요. 광고사들은 사람들이 가지고 있는 두려움이나 욕망을 목표로 하면 그들을 조종할 수 있다는 것을 이미 오래전부터 꿰뚫고 있었답니다. 두려움, 욕망을 제대로만 공략하면 특정 물건을 구매하거나 서비스를 이용하도록 유도할 수 있다는 것을요."

"예를 들어 말씀해주시겠어요?"

"사람들을 행복하게 만들어준다든가 또는 안전을 지켜준다는 내용을 담은 광고를 본 적 있으시죠? 보통 이런 메시지가 담겨 있죠. '이 제품을 소유하는 순간 당신의 인생이 더 나아질 것이다.'"

"글쎄요. 본 것 같기도 하네요."

"보통 아주 미묘하게 전달하니까 쉽게 포착할 수는 없죠. 대부분 업체들은 그런 메시지를 대놓고 떠들지는 않는답니다. 하지만 광고 속에 이런 메시지가 숨어 있다는 걸 염두에 두고 보면, 또는 광고 제작일을 많이 하다 보면 다 보이거든요. 이런 광고 메시지의 목적은 특정 제품이나 서비스를 통해 뭔가를 이룰 수 있다고 사람들이 믿도록 만드는 겁니다. 예를 들어, 이 차를 몰고 다니면 인생이 의미 있어진다든가, 이 아이스크림을 먹으면 행복해진다든가, 이 다이아몬드는 만족을 의미한다든가……."

앤은 말을 이었다.

"그리고 더 중요한 건, 그런 메시지에는 이걸 사면 행복해진다는 의미뿐 아니라 이게 없으면 인생이 완벽해질 수 없다, 혹은 이게 없으면 만족할 수 없다는 의미까지도 교묘하게 내포하고 있다는 거예요."

나는 의아한 표정으로 앤을 쳐다보며 물었다.

"그럼 사람들이 물건을 사서는 안 된다는 뜻인가요? 그건 너무 극단적인 말인데요. 현실적이지도 못하고요."

"아니, 그런 뜻은 아니에요. 당연히 사람들은 자기가 원하는 대로 하면서 살아야죠. 제가 하고 싶은 말은 차를 사지 말라거나 쇼핑몰에 가지 말라거나, 아이스크림을 사 먹지 말라는 이야기가 아닙니다. 오히려 그 반대예요. 전 모든 사람이 자신이 원하는 것을 해야 한다고 강하게 믿고 있으니까요. 아까 왜 우리가 하고 싶은 일을 지금 당장 하지 않고 미래를 위해 준비하면서 살고 있는지 물어보셨잖아요? 그 대답을 다는 아니어도 여기에서 찾을 수 있거든요. 경계하는 마음이 없으면 우리는 매일 접하는 마케팅 메시지를 곧이곧대로 흡수해버립니다. 결국 행복하고 만족스러운 인생을 사는 방법이 바로 그런 제품과 서비스를 구매하는 데 있다고 믿게 되지요. 그래서 결국 우리는 원하지도 않는 일을 계속해야 하는 상황에 빠지고 마는 겁니다."

"이해가 잘 안되는데요."

"그럼 아주 일반적인 예를 하나 들어볼게요. 우선 제가 말씀드리는 사례가 모든 사람에게 다 적용되는 건 아니란 사실을 명심하시기 바랍니다. 하지만 이 사례를 통해 우리가 지금까지 다루어온 주제의 핵심을 이해할 수 있을 겁니다."

스스로 볼 줄 아는 눈

"우리는 어릴 때부터 만족이라는 것이 물질에서 온다고 하는 광고를 많이 보며 자랐습니다. 그래서 우리는 지금 무엇을 하고 있죠?"

"광고에서 떠드는 대로 되는지 확인하기 위해 물건을 사고 있는 것 같아요." 나는 어깨를 으쓱하며 말했다.

"맞아요. 그런데 여기서 문제는 광고에서 본 것을 구매하기 위해선 돈이 필요하다는 거예요. 돈을 벌기 위해서는 일을 해야 하죠. 정말 하고 싶었던 이상적인 일자리가 아니라도, 귀중한 내 인생을 투자해 하고 싶은 그런 일이 아니라도, 내가 사들인 물건값을 지불하기 위해 그 일을 그냥 하는 거예요. 그리고 스스로는 '한동안만 이러고 사는 거야'라고 주문을 거는 겁니다. '잠깐만 이거 해서 돈 벌고, 그다음에는 진짜 내가 하고 싶었던 일을 하는 거야'라고요.

그런데 문제는 지금 하고 있는 일이 마음을 충만하게 채워주지 못하기 때문에, 그런데도 그런 일을 하면서 많은 시간을 보내고 살기 때문에, 우리는 점점 더 인생에서 중요한 무언가가 빠진 것 같은 느낌을 지울 수 없게 된다는 사실입니다. 주변을 돌아보면 퇴직 이후 하고 싶었던 일을 하면서 살겠노라고 입버릇처럼 말하는 사람들이 있어요. 그들은 원하는 일을 하는 행복한 시간을 상상해요. 그와 동시에 현실에서는 바라는 대로 살지 못하고 있다는 사실을 보상받기 위해 물건을 사댑니다. 그렇게 광고에서 보았던 메시지가 실현되기를 바라는 것이죠. 물건을 사면서 일상적인 직장생활에서는 얻을 수 없는 만족을 얻길 기대하면서요.

하지만 불행히도 물건을 많이 사들이면 사들일수록 청

구서는 산처럼 쌓이고, 그러면 불어나는 대금을 치르기 위해 더 많은 일을 해야 하는 상황에 빠지고 말아요. 지금 하고 있는 일이 진정 원하고 좋아서 하는 일도 아닌데 일하는 시간이 길어지면서 인생에 대한 불만은 더욱 커지고, 결국에는 자기가 진정으로 원하는 것을 할 시간은 더욱 줄어들게 됩니다."

내가 끼어들었다.

"그래서 결국 사람들은 오랫동안 존재 목적과는 상관없는 일을 하게 되고, 그렇게 살면서 싫어하는 일은 더 이상 안 해도 되는 미래, 원하는 것을 하면서 사는 미래에 대해 꿈만 꾼다는 말이지요. 지금까지 한 번도 그런 식으로 생각해본 적이 없었는데, 지금 말씀이 제대로 정곡을 찌른 것 같습니다."

앤과 마이크가 큰 소리로 웃었다.

"존, 저는 그냥 광고 메시지를 있는 그대로 다 받아들여서는 안 된다고 말하는 거예요. 본질을 보기 위해서는 스스로 볼 줄 아는 눈을 갖춰야 한다는 거지요. 그런 의미에서 제 말을 무조건 다 받아들여서도 안 되고요."

앤은 말을 계속 이어 나갔다.

"케이시 말로는 인생을 살아가면서 접하게 되는 여러 가지 많은 문제에 대해서도 대화를 나누셨다고 하던데요. 바로 그걸 통해서 우리는 존재에 대해 알게 되는 거예요. 그런데 지금까지 말씀드린 것도 제 개인적인 의견에 불과하답니다. 이제 제 견해를 들으셨으니 세상을 둘러보고 이게 정말 맞는지, 맞는다면 전부 다 맞는지, 부분적으로 맞는지 또는 아무것도 맞는 것이 없는지 스스로 알아보셔야지요."

나를 위해 보내는 시간

"말씀을 듣고 나니 이제는 세상이 다르게 보이네요. 앤, 조금 전에 말씀하신 그 사이클 있잖아요. 혹시 본인 스스로 그 사이클을 거쳐보신 거 아닌가요?"

앤은 소리 내어 웃었다.

"맞아요. 지금은 이렇게 웃으면서 말하지만, 당시에는 심각했답니다. 그땐 정말 불행했고, 내가 인생에 휘둘리는 느낌이었어요. 매일 밤늦게까지 정신없이 일만 하며 살았어요. 그러다 보니 내 시간은 하나도 없었고, 그렇게 일하는 것에 대한 보상으로 쇼핑을 하곤 했죠. 그때는 그런 걸 아주 당연하게 여겼어요. 주말에도 일을 했어요. 일을 하면서 그래, 이렇게 열심히 일했으니까 좋은 옷 한 벌 사도 되겠지, 아니면 최신 가전제품이나 아주 멋진 가구를 살 자격이 있어, 이렇게 자위하곤 했답니다. 헌데 문제는 그렇게 일만 하며 살다 보니 나를 위해 산 물건을 써볼 시간이 없다는 거였어요. 저희 집에 놀러 온 사람들은 한결같이 집을 보고 멋지다고들 했지만 정작 저는 집에서 보내는 시간이 거의 없었죠.

어느 날 밤, 내 월급과 맞먹는 액수의 청구서 더미를 훑어보고 나서 침대에 누웠어요. 그렇게 누운 자세로 천장을 뚫어지게 쳐다보고 있으려니 눈물이 나더군요. 아무리 해도 참을 수가 없었어요. 내게 주어진 시간은 옆으로 술술 모두 흘러가고 있는데 나는 좋아하지도 않는 일을 하느라 인생을 허비하고, 그에 대한 보상을 한답시고 쇼핑을 해대며 살고 있었죠. 그리고 또 다른 문제는 내가 그렇게 사들인 물건을 실은 그렇게 좋아하지도 않는다는 거였어요.

거기에다 한술 더 떠서 계획대로 살아간다면, 원하는

것을 할 수 있는 때는 환갑이 지난 다음이라는 사실이 더 절망적이었어요. 그때나 되어야 내가 하고 싶은 걸 할 수 있다는 얘기죠. 그렇게 생각하니 정말 끔찍했어요."

"지금과는 사뭇 다른 모습이네요. 그런데 어떻게 이렇게 변하셨나요? 무슨 일이 있었던 거죠?"

폭포수처럼 쏟아지는 내 질문에 앤은 환한 미소를 지으며 답했다.

"그래요, 많이 달라졌어요. 그날 밤, 저는 그렇게 천장을 노려보며 내가 어떻게 해서 그 지경에 이르게 되었는지 곰곰이 생각해보았어요. 그러고는 산책을 나섰죠. 그땐 대도시에 살고 있었기 때문에 거리로 나가면 항상 사람들이 넘쳤어요. 나는 길을 걸어가면서 다른 사람들을 살펴보았어요. 이 사람들도 나와 같은 느낌일까? 행복할까? 자기가 원하는 일을 하면서 살고 있는 것일까? 만족스러운 삶을 살고 있는 것일까? 그러다가 보통 때 그냥 지나치면서 보기만 했지 한 번도 들러보지 않은 작은 카페에 들렀어요. 그런데 뜻밖에도 카페에 낯익은 분이 앉아 있었어요. 그분은 볼 때마다 항상 어쩜 저렇게 편안해 보일까 하는 생각이 들게끔 하던 사람이었죠. 그분이 반가워하며 저에게 차 한잔 같이하자고 하더군요.

그날 저는 그분과 커피를 마시며 세 시간도 넘게 인생에 대한 이야기를 나누었답니다. 저의 상황과 생각을 이야기했더니 그분이 웃으면서 그러더군요. 제가 만든 광고 카피를 저 스스로 너무 많이 보는 것 아니냐고요. 그게 무슨 말이냐고 물으니 아까 제가 말한 그 사이클 이야기를 해주었어요. 그리고 또 다른 이야기도 했는데 그 이야기가 그때 이후로 계속 뇌리에서 떠나질 않았어요.

그분이 이렇게 말했어요. '다른 사람들이 만족스러운 삶이라 정의 내린 대로 산다고 만족스러운 삶을 살 수 있는 게 결코 아닙니다. 본인 스스로 만족스럽게 느껴야 만족스러운 삶이 되는 거지요.' 그날 밤, 저는 제 인생을 어떻게 살아야 스스로 만족할 수 있을지 많이 생각해보았어요. 그리고 그런 인생이 만족을 가져다주는 이유에 대해서도 생각해보았어요.

다시 말해 하루하루를 어떻게 살고 싶은 건지 자문해보았죠. 그리고 그렇게 살고자 하는 이유에 대해서도 파고

들어 봤어요. 그러다 보니 결국에는 모든 게 한 가지 문제로 수렴되었어요."

나는 아래쪽을 쳐다보았다. 앤이 메뉴판을 가리키고 있었기 때문이다.

당신은 왜 여기 있습니까?

"그래서요?"

내가 묻자 앤은 또다시 소리 내어 웃었다.

"아까 케이시가 그런 이야기를 하지 않았나요? '나는 왜 여기 있는가?'라는 질문을 하게 되면 세상이 다르게 보인다고. 바로 그날 밤 이후 제가 그랬어요. 세상이 달라 보였죠. 처음에는 조금씩 달라졌어요. 나를 위해 보내는 시간이 서서히 늘어났죠. 그리고 열심히 일한 것에 대한 보상을 더 이상 쇼핑을 통해 받으려 하지도 않게 되었어요. 대신 내가 하고 싶은 일을 하면서 보상받았습니다.

예를 들어, 매일 적어도 한 시간은 내가 좋아하는 데 투자하기로 마음먹었어요. 좋아하는 소설을 읽거나 산책을 하거나 운동을 하는 식이죠. 그 한 시간이 두 시간 그리고 세 시간으로 점점 더 늘어났고, 나도 모르는 사이에 내가 원하는 일에 깊이 몰입하게 되었습니다. 그 결과 내가 왜 여기 존재하는지에 대한 답을 만족시켜주는 일들을 하며 살게 되었어요."

Chapter. 18

죽음이 두렵습니까?

앤이 마이크에게 물었다.

"죽음에 대한 토론은 하셨나요?"

"뭐라고요?"

나는 등골이 서늘해지는 것을 느끼며 물었다.

앤은 미소 띤 얼굴로 메뉴판을 가리켰다.

"두 번째 질문 말이에요."

나는 메뉴판을 내려다보았다.

죽음이 두렵습니까?

나는 메뉴판에 있는 나머지 두 가지 질문을 까맣게 잊고 있었다. 첫 번째 질문에 너무 몰입한 나머지 그 두 가지 질문에 대해서는 미처 생각해볼 여유조차 없었던 것 같다.

"그 두 가지 문제는 서로 연관되어 있답니다."

마이크가 말했다. 그는 또 내 마음을 읽고 있었다. 나는 이곳이 정상적인 카페는 아닌 것 같다고 생각했지만, 그런 의구심은 마음 한쪽 구석에 접어놓고 이렇게 물었다.

"연관되어 있다니요? 무슨 뜻이죠?"

"사람들은 대부분 죽음을 두려워합니다. 사실 인간이 가지고 있는 가장 원초적인 두려움이 바로 죽음에 대한 두려움이지요."

앤이 말했다.

"글쎄요, 살면서 해보고 싶은 일이 참 많습니다. 그 일들을 다 해보기 전까지는 죽고 싶지 않은 것도 솔직한 심정이고요. 그리고 죽음에 대해서는 별로 심각하게 생각해보지 않았어요."

내가 대답했다.

"메뉴판에 있던 그 질문은 이런 각도에서 보시면 됩니다. 자기가 원하는 일을 하고 살지 못하는 사람들은……."
이렇게 말을 시작한 앤은 나를 쳐다보며 다음과 같이 마무리했다.

"그런 사람들은 죽음을 두려워한답니다."

나는 잠시 아무 말도 하지 않고 앤과 마이크를 쳐다보다가 이렇게 말했다.

"그럼 사람들이 매일 죽음에 대해 생각하며 산다는 말씀입니까? 그런 것 같지는 않은데요. 적어도 저는 그렇지 않아요."

마이크가 미소 지었다.

"아니, 그런 뜻이 아니고요. 두려움이라는 것은 주로 무의식 속에 잠재합니다. 대체로 사람들은 매일 죽음을 염두에 두고 살지는 않지요. 하지만 잠재의식 속에서는 하루하루 시간이 흐르면서 하고 싶은 일을 할 수 있는 기회가 하루 더 줄었다고 인식하죠. 그래서 언젠가는 하고 싶은 일을 아주 못 하게 되는 날이 진짜로 오지 않을까 두려워한답니다. 다시 말해 죽는 날을 두려워하는 겁니다."

나는 마이크가 방금 한 말을 다시 곱씹어보았다.

"그럴 필요가 있을까요? 스스로 존재의 이유를 묻고, 존재 목적을 충족시켜줄 수 있는 일들을 선택하고, 그리고 그런 일을 하면서 살고 있다면 죽음을 두려워할 이유가 어디 있겠어요? 이미 원하는 일을 했거나 매일 하고 있다면 더 이상 하고 싶은 일을 못 하게 될까 봐 두려워할 필요가 없겠죠."

앤이 미소 지으며 나직하게 말했다.

"맞아요."

그러고는 자리에서 일어났다.

"만나서 반가웠어요, 존. 이제 저쪽에 앉아 있는 제 친구한테 돌아가야 할 것 같아요. 정말 즐거웠어요."

나는 자리에서 일어나 악수를 청했다.

"저도 즐거웠습니다. 좋은 말씀, 정말 고맙습니다."

앤이 자기 자리로 돌아가는 동안 나도 다시 내 자리에 앉았다. 느낌이 사뭇 달랐다. 뭐라고 표현해야 할지는 모르겠지만 앞으로의 내 인생에 아주 귀중한 무언가를 배운 기분이었다.

마이크가 자리에서 일어서며 말했다.

"괜찮으세요? 안색이 좀 안 좋은 듯한데."

"아, 그냥 좀 생각 중입니다. 앤도 그렇고 두 분 다 일리 있는 말씀을 하시네요. 지금까지 왜 아무도 내게 이런 말을 해주지 않았을까, 왜 나 스스로 그런 생각을 하지는 못했던 것일까, 뭐 그런 생각을 하고 있었습니다."

"모든 것에는 다 때가 있답니다. 사실 이전에 이미 생각해보신 적이 있었을지도 모릅니다. 단지 그때는 그런 생각을 해도 실천할 준비가 되지 않았다든가, 그런 얘기를 들을 준비가 되어 있지 않았을 겁니다."

마이크가 빈 접시 두 개를 집어 들고 말했다.

"다 드신 접시는 치워드릴게요. 해시브라운 계속 드실 건가요?"

"네."

나는 생각을 멈추고 다시 음식에 집중했다.

"음식이 너무 맛있어요. 아직도 너무 배가 고파서 너끈히 다 먹어 치울 수 있을 것 같습니다."

마이크가 사라지자 나는 방금 우리가 나누었던 대화를

다시 곱씹어보았다. 한꺼번에 소화하기에는 정말 힘든 내용이었다. 앤이 얘기해준 광고의 영향에 대해서도 생각해보았다. 지금까지 내가 성공과 행복에 대해 내렸던 정의에는 얼마나 많은 남의 목소리가 들어 있었던 것일까? 이 질문에 대한 답은 쉽게 찾을 수 없었지만, 앞으로는 사람들의 말속에 숨어 있는 메시지를 정확하게 짚어 읽어내야겠다고 생각했다.

죽음에 대한 대화는 아주 색다른 것이었다. 대화를 마치고 나니 세상이 다르게 보였다. 다가올 죽음을 걱정하면서 황폐한 마음으로 살았던 건 전혀 아니지만, 죽음에 대한 진지한 고민 없이 너무 안일하게 살아왔다는 생각이 들었다. 존재 목적을 충족시킬 수 있는 삶을 사는 것이 중요하다는 것, 그리고 그렇게 살면 매일매일 나의 인생을 보는 눈이 달라진다는 말이 마음에 와닿았다.

"이미 원하는 일을 했거나 매일 하고 있다면 더 이상 하고 싶은 일을 못 하게 될까 봐 두려워할 필요가 없겠지."

나는 혼자 되뇌었다.

좀 더 일찍 이런 걸 알았더라면, 하는 생각이 들었다. 동

시에 마음 한구석에는 이런 울림이 들려왔다.

"깨달은 것만으로는 충분하지 않아. 실천하는 것이 중
요하지."

Chapter 19

충만한 삶을 살고 있습니까?

나는 다시 한 번 메뉴판을 내려다보았다.

당신은 왜 여기 있습니까?

죽음이 두렵습니까?

충만한 삶을 살고 있습니까?

이제는 이러한 질문이 처음 봤을 때처럼 더 이상 생뚱
맞게 느껴지지 않았다. 생뚱맞거나 이상하기는커녕 아주
중요한 질문처럼 다가왔다.

'존재 이유를 알고 목적을 발견하고 그 목적을 이루기 위해 살아갈 때까지는 충만한 삶을 살고 있다고 말할 수 없을 것 같은데…….' 나는 혼자 속으로 중얼거렸다.

"하지만 그렇게 되기가 쉽지는 않겠죠?"

케이시였다. 그녀는 내 물컵을 치우고 있었다.

"쉽지 않죠. 내 상황에 대해 생각하고 있었습니다. 나는 내가 직장에서 뭘 해야 하는지, 그 일을 어떻게 해야 하는지 빠삭하게 다 꿰고 있습니다. 그렇게 일을 하는 대가로 돈을 받는 거고요. 그런데 내가 이제 나 스스로 진정 원하는 것이 무엇인지를 깨달았는데, 그것을 실현하는 방법을 모른다면 어떻게 되는 거죠? 그리고 돈은 어떻게 벌죠? 생계는 어떻게 해결하고요? 퇴직 후 살 돈은 어떻게 모으죠? 또 내가 하고 싶은 일에 소질이 없다면 어쩌죠? 또는 내가 하고자 하는 그 일을 다른 사람들이 비웃거나 존중해주지 않는다면 어떻게 합니까?"

케이시는 내 말이 다 끝날 때까지 조용히 들어주었다.

"그럼 이렇게 한번 생각해보면 어떨까요? 존재 이유를 알아내고, 존재 이유에 대해 답을 찾는다면 사람들이 자기가 찾아낸 것에 대해 기뻐할까요?"

나는 잠깐 그 상황을 머릿속에 그려보고 나서 답했다.

"그럼요, 당연히 기뻐해야 하지 않을까요? 자기가 존재하는 이유를 알게 된다면 당연히 기쁠 것 같은데요."

"그럼 그 존재 이유를 충족시켜줄 수 있는 일을 하고 산다면 그 역시 그만큼 기쁠까요?"

나는 다시 생각에 잠겼다. 답이 너무 빤한 질문을 하는 것 같아서 오히려 답하기가 망설여졌다. 그래서 문득, 내가 지금 뭔가 놓치고 있는 것 아닌가? 하는 생각이 들었다. 그러면서 이렇게 대답했다.

"그럼요, 안 기쁜 게 이상하지 않나요? 그 어떤 것보다 기쁜 일이지요."

"그런데 그렇게 하지 못하는 이유가 뭘까요?"

나는 케이시를 말없이 쳐다보았다. 그리고 미처 내가 답을 하기도 전에 케이시가 말을 이었다.

"매일 하는 일에 완전히 몰입해서 열정적으로 사는 사

람을 본 적 있으세요? 정말 자기가 하는 일을 즐기면서 사는 사람들요."

나는 또 뜸을 들이다 대답했다.

"많지는 않아요. 하지만 분명 있긴 있어요."

"그 사람들이 자기 일을 잘하던가요?"

"글쎄요, 뭐 그렇겠죠."

나는 약간 냉소적으로 답했다.

"그렇게 많은 시간을 투자하는데 당연히 잘해야지요. 여가 시간에도 관련 자료를 찾아 읽고, 그 분야에 대한 텔레비전 프로그램을 보고, 관련 모임이나 전시회도 찾아가고, 항상 그 이야기만 하는걸요……. 그렇게 많은 시간을 투자하는데 잘하지 못하는 게 이상한 거 아닌가요?"

"그 사람들이 자기가 하는 일을 지겨워하던가요?"

"아니요, 지겨워하기는커녕 더 하지 못해 안달인 것 같던데요! 그 사람들은 자기가 하는 일에서 활력을 얻고, 그리고……."

나는 하던 말을 다 끝맺지 못했다. 케이시가 살짝 웃으며 말했다.

"그런 사람들이 일거리가 없어 힘들어하던가요?"

나는 다시 말문이 막혔다.

"아뇨, 그 사람들은 자기가 하는 일에 대해 아는 게 매우 많았어요. 그리고 무척 열심이었죠. 그래서 모든 사람이 그 사람을 찾아가 조언을 구하고 같이 일하고 싶어 했어요."

"굉장히 긍정적이고 낙천적인 사람들이겠죠? 그리고 재충전을 하겠다고 자기 일에서 멀리 벗어나려는 시도조차 안 할 거예요."

케이시의 말을 곰곰이 되짚어보았다. 맞다. 그렇게 볼 수도 있었다. 항상 내가 하고 싶은 일을 하면서 산다면 어떨까? 내가 항상 좋아하는 일만 하면서 산다면 어떨까? 그러다 문득 질문을 던졌다.

"그러면 돈은 어떻게 벌죠? 뭔가를 잘한다고, 뭔가에 대해 많이 알고 있다고 돈을 많이 벌 수 있는 건 아니지 않습니까? 일은 있을지 모르겠지만 그 일에 대한 보수가 늘 넉넉할까요?"

Chapter 20

돈을 바라보는 새로운 관점

나는 이렇게 반론을 제기한 나 자신을 속으로 기특해하며 계속 밀어붙였다.

"결국 돈도 중요하지 않은가요?"

"알았어요. 그럼 돈과 관련해서 최악의 상황을 한번 생각해볼까요? 여기 존재 목적을 충족시켜주는 일을 찾아낸 사람이 있다고 쳐요. 그 사람은 그 일을 하며 평생을 살죠. 그게 바로 자기 존재 이유인 걸 알았으니까요. 하지만 그 일을 한다고 해서 많은 돈을 벌지는 못해요. 세상에, 정말 비극적인 일이죠. 그럼 그 결과를 한번 상상해보세요. 평생 존재 목적을 충족시켜줄 만족스러운 일을 하면서 살아왔어요. 자신의 존재 목적을 알았기 때문에 항상 자기가 하고 싶은 일을 하면서 살아왔는데……."

케이시는 여기서 잠깐 멈추었다가 다시 말을 이어갔다.

"65세가 되고 보니까, 퇴직 후 살아갈 자금을 넉넉하게 저축해두질 못한 거예요. 그럼 어떻게 할까요? 그렇다면 그냥 그때까지 해왔던 대로 하던 일을 계속하면서 살아야겠네요, 쯧쯧. 세상에 그렇게 비극적인 일이……."

이 말을 할 때쯤 케이시의 목소리는 냉소로 가득 차 있었다. 나는 웃었다.

"케이시, 그 냉소적인 멘트 정말 끝내주는데요!"

케이시는 다시 미소를 지으며 말했다.

"전 그냥 어떻게 생각하시는지, 제 짐작이 맞는지 한번 확인하고 싶었을 뿐이에요."

"알았어요. 어부에 대해 마이크가 해준 이야기로 돌아가는군요. 지금 원하는 것을 하면서 살 수 있는데 왜 굳이 뒤로 미루느냐는 거죠."

"맞아요. 그리고 또 있죠. 앤이 했던 말 기억하세요? 왜 사람들이 물건을 사재는 건지?"

"그럼요, 사람들은 왜 돈을 벌려고 하나, 그건 물건을 더 사기 위해서다, 사람들이 물건을 사는 것은 매일 자기가 원하는 일을 하며 살지 못하기 때문에 물건이라도 구매해서 대리 만족을 얻기 위한 것이다, 하지만 여기에는 함정이 있는데 바로 물건을 많이 사면 살수록 그 대금을 지불하기 위해 더 많은 일을 해야 하고, 따라서 아차 하는 순간 악순환의 늪에 빠지게 된다, 이런 말을 했죠."

여기까지 말하고 멈추었는데, 곰곰이 생각해보니 내가 뭔가를 놓치고 있는 것 같았다. 케이시를 쳐다보았지만 그녀는 그저 내 눈만 바라보고 있을 뿐이었다.

"아까 말한 최악의 상황이란 것과 관계가 있는 거죠?"

케이시가 고개를 끄덕였다. 나는 잠시 생각에 잠겼다.

"최악의 상황에 부닥친 사람이 제일 먼저 할 수 있는 일은 다른 일을 선택하는 것이겠죠."

케이시는 아무 말 없이 고개만 끄덕였다. 나는 이어서 말했다.

"최악의 상황이 있으면, 최상의 상황도 있을 겁니다. 자기가 하고 싶은 일을 하면서 많은 돈을 벌 수도 있겠죠. 그러면 존재 이유가 충족될 겁니다."

하지만 나는 여전히 내가 놓치고 있는 게 무엇인지 알지 못했다. 나는 의자 깊숙이 자리를 잡고 앉아서 물을 마셨다. 힌트를 좀 달라고 하려다가 불현듯 떠오르는 생각이 있었다.

"아마 돈이라고 하는 것 자체가 덜 중요해질 겁니다. 사람이나 상황에 따라 다르겠지만 나는 앤과 이야기를 나누면서 왜 사람들이 애초 일을 하려고 하는 것일까 의아하게 생각했어요. 그러다가 앤과 대화를 이어가던 중에 일을 하는 목적이 만족을 추구하는 것과 연관이 있다는 얘기가 나왔었지요."

"예를 하나 들어보시겠어요?"

케이시가 말했다.

"내가 일을 하는 이유는 돈을 벌기 위해서입니다. 내가 사들인 것들에 대한 비용을 지불하기 위해서는 돈을 벌어야 하는 거죠. 물건을 사는 것에 대해서는 저도 앤이 언급했던 그 사람들하고 비슷한 것 같습니다. 제가 사들인 물건 중에는 일상에서 탈출하는 데 필요한 것들이 많이 있습니다. 스트레스를 풀고, 기분을 좋게 하기 위한 것들 말이죠.

궁금한 건, 내가 '탈출'할 필요가 없거나 '스트레스 해소'를 해야 할 필요가 없다면 지금 내가 소유한 물건 중 내게 진정 필요한 것이 얼마나 되겠는가 하는 겁니다. 항상 하고 싶은 일을 하면서 산다면 탈출해야 할 일도 줄어들 것이고, 해소해야 할 스트레스 또한 그리 많지 않겠죠. 그렇다고 숲속의 통나무집에서 은둔생활을 해야 한다는 얘기는 아닙니다. 단지 어느 정도 존재 이유를 충족하는 삶을 사느냐에 따라 '많은 돈'에 대한 정의는 달라지지 않을까 하는 생각이 드네요."

케이시는 다시 고개를 끄덕였다.

"그럼 사람들이 더 이상 돈을 벌려고 노력해서는 안 된다고 말하고 싶으신 건가요?"

"아뇨. 그런 말이 아닙니다. 내 말은 만약 내가 세상에 존재하는 이유를 알아내고, 그 존재 이유를 충족시켜줄 수 있는 일을 하면서 산다면 돈이란 것이 지금만큼 중요

하게 여겨지지는 않을 거라는 얘기지요. 그 말을 하고 싶었어요."

케이시는 자리에서 일어나며 빈 접시들을 치우기 시작했다.

"재미있는 생각이네요, 존."

그녀는 접시를 챙겨 들고 돌아서서 주방 쪽으로 걸어갔고, 나는 그 모습을 지켜보며 중얼거렸다.

"정말 재미있는 곳이군."

행운이 따라다니는 사람들의 공통점

케이시는 되돌아와서 내 컵에 물을 채워주고 다시 내가 앉아 있는 테이블 건너편에 앉았다.

"존, 주방에 갔더니 마이크가 이야기를 하나 해주더군요. 아마 관심이 있으실 듯해서 다시 왔어요. 아까 나의 존재 이유를 충족시켜줄 수 있는 삶을 추구할 때 직면할 수 있는 어려운 문제에 대해 대화했었죠."

"돈은 어떻게 버나 하는 문제요?"

"그것도 포함되지만, 그 이상의 문제요."

"재미있겠는데요."

"이 문제를 확실하게 이해하려면 아까 우리가 말했던 그 사람들에 대해 생각해보셔야 해요."

"자기 일에 엄청난 열정이 있는 사람들 말인가요? 매일 자기가 하고 싶은 일을 하면서 즐겁게 사는 것처럼 보이는 사람들이요?"

"맞아요. 그들한테는 뭔가 다른 점이 있지 않던가요?"

"맞아요. 그중에 세일즈를 하는 분이 있는데……."

"존, 그 사람들이 하는 일보다 좀 더 큰 범위에서 한번 생각해보세요. 그런 사람들에게서 전반적으로 발견할 수 있는 공통점이 있지 않나요? 그게 뭐죠?"

나는 뒤로 물러앉아서 잠깐 눈을 감았다. 그리고 그 사람들을 머릿속에 그려보았다.

"저…… 아까도 말했지만, 이 사람들은 진짜 행복해 보여요. 자기가 하는 일을 정말 좋아하고 삶 자체를 즐기는 것처럼 보인답니다. 그리고 자신감도 넘치죠. 허세를 부리는 것하고는 달라요. 모든 일이 자기가 원하는 방향으로 진행될 거라고 확신하며 사는 것 같다고 할까요. 좀 이상하게 들릴지도 모르겠지만 또 하나 발견할 수 있는 특징은 이 사람들이 모두 행운아란 점입니다. 무슨 말이냐면 이 사람들한테는 좋은 일, 예상치 못했던 행운이 많이 따라요."

"예를 들면요?"

"지인 중에 광고계에서 일하는 한 여성이 있습니다. 아까 앤과 얘기하다 보니까, 앤도 광고 쪽에 있었다고 하던데, 좀 안 맞는 얘기일지도 모르지만 어쨌든 이 여성은 큰 거래처를 하나 잡으려고 무척 애를 쓰고 있었습니다. 어떤 거래처였는지 지금은 기억도 잘 나지 않지만 어쨌든 아주 큰 거래처였고, 여러 사람이 그걸 따내려고 시도했지만 모두 실패한 상황이었습니다. 그 회사를 잡아야겠다는 결심을 굳히고 나서 프레젠테이션 자료를 준비하고 있는 와중에, 그 여자는 오랫동안 연락이 끊어졌던 대학 동창한테서 전화를 받았답니다. 그동안 어떻게 살아왔는지 한참 서로 안부를 묻고 이야기를 주고받다가 일 이야기가 나왔다지요. 그래서 그녀는 자기가 처한 상황과 따내고 싶은 그 거래처 이야기를 했다고 합니다. 그런데 바로 그 회사에 동창의 다른 친구가 다니고 있었던 거예요.

몇 번 더 전화 통화가 오간 후 동창의 소개로 셋이 함께 만나 저녁을 먹는 자리가 마련되었습니다. 그리고 몇 주 후 그 여성은 마침내 그 거래처와의 계약을 따냈습니다. 이런 예상치 못한 행운이 생기는 거예요. 정말 운이 좋은 사람 아닌가요?"

"그 사람들이 운이 좋은 이유가 뭐라고 생각해요, 존?"

나는 물을 한 모금 마시며 답했다.

"글쎄요. 잘 모르겠어요. 한편으로 생각하면 그냥 우연인 것 같기도 해요. 그래도 그런 우연 역시 자기 일을 진정으로 즐기며 사는 사람들에게 일어나는 것 같아요. 그들이야말로 정말 자신의 존재 목적을 충족하는 일을 하며 살아가죠. 얘기하고 보니 이런 사람들에게 항상 행운이 따라다니는 게 어쩐지 당연하게 느껴지네요."

케이시는 웃으며 나를 쳐다보았다.

"그들에게만 행운이 따라다니던가요? 존, 당신한테는 그런 일이 없었나요?"

나는 다시 한 번 더 의자 깊숙이 앉았다.

"그러고 보니 그런 적이 있었던 것 같네요. 희미하기는 하지만 내가 진정으로 원할 때 예상하지 못했던 일이 일어난 적이 있었어요."

"존, 그 순간을 기억해낼 수 있다면, 그 두 가지 사이의 연관 관계를 찾아낼 수 있을 거예요."

"그러니까 바로 그런 때가 곧, 내가 원하는 일을 하던 순간이었단 말씀인가요?"

Chapter 22

열정은 전염된다

그 말을 하는 순간 온몸에 전율이 일었다. 아까 인생에 대해 중요한 것을 깨달았을 때와 비슷한 느낌이었다.

"그쪽에게도 해당된다고 꼬집어 말하기는 어렵지만, 제가 이 카페에서 일하며 공통적으로 발견한 것은 존재 목적을 알고 있는 사람, 그것을 달성하기 위한 일을 하며 사는 사람은 대부분 운이 좋은 것처럼 보인다는 거예요. 이런 사람들에게는 예상치 않았던 우연이 가장 필요한 순간에 생기죠.

이 주제에 대해 여러 사람한테 질문을 던져본 적이 있

는데 사람들은 그런 순간이 존재한다는 데는 동의하면서도 정작 그 원인은 잘 모르는 것 같았어요. 솔직히 말해 대부분은 그 원인을 찾는 데 관심도 없고요. 그냥 존재 목적을 충족하는 삶을 살면 일이 뜻대로 돌아가서 저절로 그렇게 좋은 일이 생긴다고 생각하죠."

"이상하군요. 신기하기도 하고요."

"그렇게 말하는 사람도 있죠. 자연스러운 우주의 흐름이라고 보는 사람도 있고, 뭔가 보이지 않는 거대한 힘이 그렇게 해준다고 생각하기도 하죠. 하지만 그냥 단지 '운이 좋아서'라고 생각하는 사람들도 있어요. 그런데 원인을 무엇이라고 생각하든지 간에 모두 운이라는 게 존재하고 운이 우리가 하는 일의 중요한 요소라는 데는 동의하고 있었습니다."

"케이시는 어떻게 생각하세요?"

이번에는 케이시가 뜸을 들였다.

"솔직히 말해, 잘 모르겠어요. 아까 말한 게 다 이유인 것 같기도 하고, 그 밖에 또 다른 이유가 있는 것 같기도 해요. 혹시 기하급수의 이론이라고 들어보셨어요?"

"글쎄요. 잘 모르겠어요."

"간단한 이론이에요. 예를 들어볼게요. 기하급수 이론은 우리가 다른 사람에게 무슨 이야기를 해주면 그 사람이 또 다른 사람들에게 그 이야기를 해주고, 그리고 그 사람들은 또 더 많은 사람에게 그 이야기를 전달해주는 거예요. 그래서 곧 내가 한 이야기가 아주 많은 사람에게 퍼지는 거죠."

"행운의 편지 같은 거군요. 열 사람에게 행운의 편지를 보내면 그 열 사람이 각각 열 사람에게 같은 편지를 보내고. 그렇게 해서 계속 늘어나는……."

"맞아요. 원리는 같아요. 하지만 행운의 편지를 보내는 대신 나의 존재 목적을 충족하는 데 도움이 될 일을 누군가에게 말하고 다닌다고 생각해봅시다. 열 사람에게 이야기를 하고, 그 열 사람이 또 각각 열 사람한테 이야기를 하고, 그러면 곧 이 이야기를 전해 들은 사람 수가 엄청나게 늘어나게 되겠지요. 그런데 그 모든 사람이 나를 도와주고 싶어 한다고 생각해보세요."

나는 잠깐 생각에 잠겼다.

"하지만 그 사람들이 뭣 때문에 나를 도와주려고 할까요? 내 이야기를 진해 들은 사람들이 나를 도와줄 마음이 생기는 이유가 뭘까요?"

케이시는 나를 쳐다보며 아무 말도 하지 않았다. 그 모습을 보고 이번에도 역시 내가 한 질문에 나 스스로 답을 찾아내야 하는 순간임을 직감했다. 나는 지금 우리가 나누고 있는 대화가 어떻게 해서 이 '기하급수'라고 하는 주제까지 다다르게 되었는지 곰곰이 더듬어보았다. 하지만 아무래도 대답이 떠오르지 않았다.

"잘 모르겠어요. 케이시, 뭐 힌트라도 좀 없어요?"

"존, 우리가 이 이야기를 꺼내면서 연상했던 그 사람들, 자기의 존재 의미를 충족하며 사는 사람들, 그 사람들과 같이 있으면 어떻던가요?"

"기분이 좋죠. 그 사람들의 열정에 전염이 되는 것 같아요. 자기 일에 대한 열정 말이에요. 그리고 나도 그 사람이 잘되게 도와주고 싶다고 생각하게 되죠."

나는 다시 말을 멈추었다.

"저런, 케이시, 이게 바로 답인가요? 그런데 이것만으로

내가 원하는 것이 다른 사람들에게 전달된다는 게 설명이
될까요?"

"존, 방금 그 사람들의 열정에는 전염성이 있어서 도와
주고 싶은 마음이 든다고 하지 않았나요? 그럼, 자신이 직
접 도와주지는 못해도 도움이 될 사람을 알고 있다면 그
사람에게 연락해보지 않을까요?"

"당연히 해볼 겁니다. 그 열정 때문에요. 그 사람들은
정말로……."

나는 적절한 단어를 찾기 위해 잠깐 뜸을 들였다.

"자기가 원하는 길을 가고 있는 것 같죠?"

"맞아요. 비슷해요. 정말 자기가 원하는 길을 가고 있는
것 같아서 도와주고 싶어져요."

"그렇다면 상대에게 도움이 될 수 있을 것 같은 사람에
게 말을 전할 때 어떤 식으로 하나요?"

"상대가 내게 말할 때 느꼈던 열정을 그대로 담아 전달
합니다. 전염되는 거지요. 이야기하면서 그때 그 감정이
그대로 느껴지길 바라면서요."

"그게 바로 아까 우리가 찾던 답일 거예요."

이렇게 말하면서 케이시는 빈 접시를 치우기 시작했다.

"존, 정말 잘 드시네요."

케이시가 접시를 치우면서 한마디했다.

"진짜 배가 많이 고프셨던가 봐요."

"그보다는 음식 맛이 좋아서예요. 너무 맛있어서 남길 수가 없네요."

주방 쪽으로 눈길을 돌렸더니 마이크가 보였다. 마이크는 나와 눈이 마주치자 손을 흔들었고 나도 답례를 했다.

이번에는 주방에 대고 손을 흔드는 행동이 그다지 겸연쩍게 느껴지지 않았다.

나는 "딸기파이 부탁해요"라고 했고, 케이시는 웃으며 알겠다고 말했다.

누구도 내 운명을 흔들 수 없다

얼마 지나지 않아 마이크가 내 쪽으로 다가왔다. 손에
들린 접시에는 세 사람은 족히 먹을 수 있을 만큼 큰 파이
가 놓여 있었다.

"딸기파이 하나 주문한 거 맞으시죠?"

"마이크, 하나가 아니라 한 판은 되는 것 같은데요. 나
혼자 다 먹을 수 있을지 모르겠어요."

"천천히 쉬엄쉬엄 드세요."

그는 냅킨을 한 장 더 깔더니 탁자 위에 새 포크를 놓아
주었다.

"케이시와의 대화는 어땠습니까?"

"아주 재미있었어요. 아주 많이요. 원래 질문에서 약간 변형된, 질문에 대한 답을 찾은 사람들에 대해 이야기를 나누었지요."

이렇게 말하며 나는 메뉴판을 가리켰다. 그러자 한순간 메뉴판의 글자는 '나는 왜 여기 있는가?'로 바뀌었다가 곧이어 천천히 다시 원래의 '당신은 왜 여기 있습니까?'로 돌아갔다. 나는 질문이 바뀌는 것을 묵묵히 지켜보며 말을 이었다.

"바로 이 질문 말인데요. 이 질문에 대해 답을 찾은 사람들한테는 공통적인 특징이 있어요. 그들은 자기가 세상에 존재하는 이유를 알고, 존재 이유를 충족하기 위해 무슨 일을 해야 하는지 알고, 그 일을 해낼 수 있다는 확신에 차 있죠. 그리고 존재 이유를 충족하기 위해 노력하는 사람들에게 행운이 따른다는 이야기도 했습니다. 왜 그렇게 될 수밖에 없는지 케이시가 배경 이론도 설명해주었습니다."

마이크는 가볍게 웃었다.

"그 점에 대해서는 아주 오래전부터 여러 가지 견해가 있었지요. 가장 오래된 철학자들도 이 문제에 관해 이야기했답니다."

"마이크, 아직도 헷갈리는 게 있습니다. 왜 모든 사람이 존재 목적을 추구하지 않는 걸까요? 사람들이 존재 목적을 추구하지 못하도록 발목을 잡고 있는 것은 도대체 뭘까요? 이 질문에 대해 자문해보고 스스로 답을 찾아야 한다는 건 잘 알고 있습니다. 그래서 당신이 이쪽으로 걸어오는 동안 쭉 이 문제에 대해 생각하고 있었어요. 하지만 나에게만 해당하는 그런 목적 말고 좀 더 큰 목적이 있지 않을까 하는 생각이 듭니다."

마이크는 머그잔을 들어 음료를 한 모금 마시고 나서 잔을 다시 탁자 위에 내려놓았다.

"사람들이 존재 목적을 추구하지 못하고 사는 데는 다 나름의 이유가 있습니다. 그리고 그 이유는 세상 사람들 모두 스스로 발견하고 해결해야 합니다. 각자 처한 상황에 따라 이유가 다르니까요. 하지만 그보다 더 높은 차원의 무엇인가가 있긴 한 것 같아요."

"그게 뭔데요? 예를 들어줄 수 있나요?"

"단순히 존재 목적이라 하는 개념을 아예 생각해본 적이 없기 때문에 존재 목적을 추구하는 삶을 살지 못하는 사람도 많습니다. 또 그런 생각을 해본 적은 있지만 존재 목적을 분명하게 찾지 못한 경우도 많고요. 그리고 어떤 사람들은 자라온 환경이나 가정교육 또는 종교적인 믿음 등의 이유로 스스로 존재 목적을 충족하는 삶을 살 권리가 있다는 사실을 믿지 못하는 경우도 있지요.

존재 목적을 느끼고 자신이 그것을 충족할 권리가 있다고 믿고 있는 사람들조차도 그 일을 스스로 할 수 있다는 걸, 그냥 하면 된다는 걸 모르는 경우가 많습니다. 이건 바로 아까 앤과 나누었던 대화와 관련된 이야기이기도 합니다. 자신이 만들거나 파는 물건이, 그리고 자신이 제공하는 서비스가 충만한 삶의 열쇠임을 광고하는 사람이 많지요. 그런 믿음을 심어주는 일로 생계를 꾸려갑니다.

그런데 우리 모두 그들에게 휘둘리지 않고 우리 스스로 삶을 충만하게 살 수 있다는 것을 깨닫는다고 한번 상상해보세요. 그러면 위에서 말한 사람들은 힘을 잃게 되는 거죠. 힘을 잃는다는 건 그들에겐 특히 더 끔찍한 일일 겁니다."

"그 말씀을 하시니까 아까 케이시와 나누었던 대화가 생각나는군요. 존재 목적을 깨닫게 되면 스스로 원하는 것을 할 수 있게 된다고 했습니다. 자기가 하고 싶은 일을 하기 위해 다른 사람의 허락이나 동의를 구할 필요가 없다는 거죠."

"맞습니다. 게다가 누구도 다른 사람이 하고자 하는 일을 못 하게 할 수도 없고, 거꾸로 할 수 있는 힘을 줄 수도 없는 겁니다. 우리 모두 각자 자기 인생을 스스로 책임지고 가꾸어나가는 거니까요."

나는 그가 한 말, 그리고 케이시와 앤이 한 이야기를 곰곰이 생각해보았다. 그리고 입을 열었다.

"지금 하신 말씀은 제가 살면서 매일 보고 들어왔던 것과는 사뭇 다르군요. 사람들이 존재의 이유에 대한 질문을 하기가 왜 그리 어려운지, 자기 인생과 운명을 스스로 개척해나간다는 생각을 왜 하지 못하는지, 이제 알 수 있을 것 같습니다."

"그래요, 그게 쉬운 건 아니지만 그렇다고 불가능하지도 않습니다. 사실 몇 주 전 저희 카페에 들렀던 한 손님이 스스로의 운명을 개척하는 방법을 어떻게 배웠는지, 흥미로운 이야기를 해준 적이 있습니다. 한번 들어보시겠어요?"

"그럼요, 이번에도 어부가 등장하나요?"

"하하, 아니에요. 이번엔 스포츠가 등장합니다. 몇 년 동안 계속해서 몹시 어려운 골프 코스에 서 있는 꿈을 꾸는 남자가 주인공입니다. 그 사람은 원래 골프를 그다지 잘 치지 못해서 난코스에 서 있는 꿈을 꾸면 더더욱 진땀이 뻘뻘 난다고 하더군요. 쳐야 할 공이 창문턱에 있기도 하고, 경사가 심한 바위 위에 올라가 있기도 하는 등 여러 가지 말도 안 되는 상황에 공이 있는 꿈을 자주 꾼다고 합니다.

그래도 있는 힘껏 자리를 잡고 연습 삼아 스윙을 날려 보려고 하는데, 그때마다 제대로 못 칠 것만 같아 괴롭다고 하더군요. 그래서 연습을 더 많이 하는데, 연습을 많이 하면 할수록 스트레스를 더 많이 받는다고 합니다.

이렇게 점점 더 스트레스를 많이 받으며 연습한 결과 드디어 어려운 공도 칠 수 있겠다는 생각이 들어 백스윙을 하려고 하면 바로 그때 공이 더 이상하고 어려운 자리로 올라가 있더랍니다. 그러면 또다시 스트레스를 받고 좌절감에 싸여 다시금 스윙 연습을 하는 악순환이 반복되는 거죠. 이런 악순환이 계속되다가 마침내 어느 날부터인가 가슴이 두방망이질 치고, 온몸이 두들겨 맞은 듯 피곤한 상태에서 잠이 깨는 일이 반복되었습니다.

어느 날 밤, 또 똑같은 꿈을 꾸며 꿈속에서 좌절감이 최고조에 달했을 때 불현듯 그냥 그 공을 집어서 다른 곳에 두고 치면 되지 않겠나 하는 생각이 들더래요. 그렇게 한다고 뭐 세상이 무너지는 것도 아니고, 그리고 사실 자기 말고는 그 공을 어디서 치는지 관심 있게 지켜보는 사람도 없고 말이죠.

그래서 공을 집어 옮긴 후에 다시 쳐봤어요. 그러고는 꿈에서 깨었는데 정말 엄청난 자신감을 느꼈다고 하더군요. 그리고 그때까지는 미처 알지 못했던 중요한 것을 깨달았다고 했어요. 이야기 끝에 결국 자기가 무엇을 배웠

는지 말해주었는데, 그대로 한번 옮겨볼게요.

'우리가 무엇을 배우며 자랐건, 어떤 광고를 접하며 살았건, 그리고 일에 치여 얼마나 많은 스트레스를 받았건, 인생은 스스로 만들어 나가는 겁니다. 난 이걸 잊고 있었어요. 그래서 내 주변 상황이 내 인생에 온갖 영향을 미치는 걸 내버려 두었던 겁니다. 내가 골프공을 옮겨 어디에서 치건 누구도 상관하지 않았듯이, 내 존재 목적에 대한 관심 역시 나만 갖고 있는 거죠. 내 운명을 다른 사람이나 다른 존재가 멋대로 좌지우지하게 내버려 두어서는 안 됩니다. 스스로 내가 가고자 하는 길을 적극적으로 선택해야 합니다. 그렇게 하지 않으면 운명이 나를 흔들어버리죠. 골프공을 옮길 수 있는 건 나뿐입니다.'"

이야기를 끝낸 뒤 마이크는 나를 쳐다보았다.

"어부는 나오지 않았죠."

"정말 어부는 안 나오네요. 그래도 정말 좋은 이야기였어요. 담겨 있는 메시지도 좋고요."

"그 사람도 그렇게 말했습니다. 그때부터 자기 운명을 스스로 만들어 나갈 수 있었다고. 불확실한 상황에 직면

할 때, 그리고 어떻게 해야 하는 건지 확신이 서지 않을 때면, 그냥 스스로 공을 옮겨보라고 자기한테 속삭인대요. 그렇게 하면 모든 두려움이 사라지고 내가 원하는 것을 할 수 있게 된다고 했습니다."

답을 찾아낼 수 있는 사람

시계를 보았다. 오전 5시 15분.

"세상에 벌써 시간이 이렇게나! 다시 아침 식사 주문해야겠는데요."

내 말에 마이크가 웃음으로 답했다.

"파이부터 마저 드시고요."

"맞는 말씀입니다."

나는 이렇게 말하고, 포크로 파이 조각을 집어 들었다. 파이를 먹고 나서 마이크에게 말을 건넸다.

"아직도 분명하지 않은 게 하나 있습니다. 이미 당신과

174

도 이야기를 나눴고, 케이시랑도 이야기를 해봤는데 그래도 여전히 답을 찾지 못했어요."

그러자 마이크가 웃음 띤 얼굴로 말했다.

"존, 미안하지만 파이 요리법은 아무에게도 가르쳐줄 수 없답니다. 제가 가르쳐드릴 수 없는 유일한 정보가 바로 파이 요리법이랍니다."

나는 히죽 웃었다.

"저라도 그럴 겁니다. 그런데 다행히도 제가 물어보고 싶은 것은 파이 요리법이 아닙니다. '나는 왜 여기 있는가?'라는 질문으로 되돌아가 보겠습니다. 케이시와 저는 그 질문이 어떤 식으로 달라질 수 있는지, 그리고 일단 그 답을 찾아낸 사람들이 무슨 일을 어떻게 할 수 있는지도 이야기했습니다. 하지만 저는 아직도……."

"그 답을 찾는 방법을 모르겠다고요?"

"맞아요."

"그 질문이라면 케이시도 부르는 편이 낫겠습니다. 우리 둘이 같이 머리를 맞대다 보면 더 나은 답을 드릴 수 있을 거예요."

마이크는 자리에서 일어나 레스토랑의 저쪽 끝, 케이시가 앤 그리고 앤의 친구와 대화를 나누고 있는 곳으로 걸어갔다. 나는 그 사람들도 나와 비슷한 대화를 하고 있는지 궁금했다.

잠시 후 케이시가 마이크와 함께 내 자리로 왔다.

케이시가 물었다.

"파이 맛있으세요?"

"두말하면 잔소리죠. 맛있어서 너무 많이 먹었더니 배가 터질 것 같아요."

나는 입이 찢어지게 웃으며 말했다.

"케이시, 존이 이 질문에 대한 답을 찾는 방법을 알고 싶다고……."

마이크는 이렇게 말하며 다시 한 번 메뉴판에 쓰여 있는 '당신은 왜 여기 있습니까?'라는 질문을 가리켰다. 그 순간 그 질문은 다시 '나는 왜 여기 있는가?'라는 질문으로 바뀌었다.

"우리 둘이 같이 이 질문에 답해드리는 게 좋겠지?"

케이시는 고개를 끄덕이며 자리에 앉았다. 그러더니 내

눈을 보며 아주 심각한 목소리로 말했다.

"존, 집에 우편함이 있나요?"

"그럼요."

"그럼 우선 스스로한테 진지하게 이 질문을 하고 나서 기다려보세요. 그로부터 일곱 번째 되는 날, 보름달이 뜰 때 우편함에 우편물이 하나 도착할 거예요. 우편물을 열면 문서가 하나 들어 있을 텐데 그 문서를 촛불 밑에서 펼쳐보세요. 그러면 질문에 대한 답을 아는 사람이 전해주는 은밀한 메시지가 보일 겁니다. 그 메시지는 평생 한 번밖에 읽을 수 없어요. 그리고 꼭 촛불을 켜고 촛불 아래에서 읽어야 해요. 그리고 꼭 7일째 되는 날 읽어야 하고요."

나는 마시던 물컵을 내려놓고, 케이시가 하는 말을 똑바로 잘 들으려고 몸을 앞으로 기울였다.

"우편물을 열 때 리본이 붉은색인지, 리본이 두 번 묶여 있는지 꼭 확인하세요. 붉은색 리본으로 두 번 묶은 것이 바로 그 우편물……."

그 순간 탁자가 움직이며 덜덜 떨리고 있는 게 느껴져서 나는 깜짝 놀라 몸을 뒤로 젖혔다.

"무슨 일이죠? 케이시, 탁자가……."

나는 이렇게 외쳤다.

케이시는 탁자가 흔들리는 것을 전혀 느끼지 못하는 듯 계속 말을 이어갔다.

"리본 고리 하나는 작은 고리보다 적어도 두 배는 클 거고, 리본은 상자의 왼쪽 위에 달려 있을 거예요."

나는 마이크를 쳐다보았다. 그 순간 나는 놀랍게도, 그리고 조금은 당황스럽게도 탁자가 흔들린 이유가 지옥에서 온 사자 때문이 아니라(나는 그렇게 생각했다) 마이크 때문이었다는 것을 알 수 있었다. 케이시의 말을 듣고 있던 마이크는 웃음을 참기 위해 한 손은 입에, 다른 한 손은 탁자 위에 올려놓고 있었는데 그가 너무 심하게 웃는 바람에 탁자가 흔들렸던 것이다.

그 모습을 보고 나도 따라서 한바탕 웃었다. 케이시는 마이크 쪽으로 몸을 돌리더니 장난스럽게 어깨를 한 대 치며 말했다.

"좋은 공모자는 못 되는군요."

"미안해요. 너무 그럴듯해서요. 참을 수가 없었어요."

"알았어요. 존, 아까 그 질문에 대해 약간의 창의력을 발휘해서 답변을 드렸던 거예요."

케이시가 미소를 띠며 말했다.

"약간이라니……."

마이크가 반박했다.

"완전 날조에 가깝던데. 리본을 두 개 묶은……."

마이크는 케이시의 목소리와 어조를 흉내 내며 놀렸고, 우리는 모두 한바탕 웃음을 터트리고 말았다.

"정말 그럴듯했어요, 케이시. 하지만 아직 진짜 답변은 안 해주신 것 같은데요."

"재미있었죠? 재미도 드리고, 또 뭔가 핵심을 찌르고 싶기도 했어요. 질문을 하고 질문에 대한 답을 스스로 찾는 사람도 있지만 다른 사람이 그 답을 찾아주기를, 혹은 저절로 답이 찾아지길 원하는 사람도 있답니다."

"7일째 되는 날 도착하는 우편물 안에 답이 들어 있기를 바라는 것처럼요."

나는 이렇게 말하며 웃었다.

"맞아요. 여기서 중요한 것은, 답을 알게 되면 그 답을 가지고 어떻게 하느냐가 우리의 자유 의지에 달려 있듯이, 그 답을 찾는 것도 우리 손에 달려 있다는 거예요."

"그러니까 이런 말씀이군요."

내가 말을 이었다.

"그냥 첫걸음만 떼고 난 뒤 그 자리에서 가만히 기다려서는 안 된다. 왜 여기에 존재하는 것인지 그 이유를 진정으로 알고 싶다면 스스로 그 답을 찾아야 한다."

마이크가 화답했다.

"맞아요. 그리고 사람마다 답을 찾는 방식도 다 다르답니다. 어떤 사람은 왜 자기가 여기 존재하는지 알아내려고 명상을 하고, 어떤 사람은 좋아하는 음악을 들으면서 마음속에 떠오르는 생각을 정리해 글로 쓰지요. 또 자연속으로 들어가 혼자서 시간을 갖는 사람도 있지만 친구나 낯선 사람과 이야기를 나누며 해답을 찾는 사람도 있답니다. 이야기를 듣거나 책을 읽으며 생각을 정리하는 사람도 있고요."

"제게 가장 적합한 방법을 제안해주시겠어요?"

내 질문이 떨어지자 케이시가 내 쪽으로 몸을 돌리며

말했다.

"그건 사람에 따라 달라요. 중요한 건 그 답을 찾아낼 수 있는 사람은 오직 나 자신뿐이라는 사실이죠. 그렇기 때문에 답을 찾으면서 혼자만의 시간을 보내는 사람이 많은 거고요."

"알 것 같아요. 여러 가지 정보나 문자 메시지, 이메일에 둘러싸여 있으면 한 가지 일에 집중하기가 어렵죠."

"맞아요. 외부의 소음에서 벗어나기 가장 좋은 때는 명상을 하거나 자연 속에 혼자 있을 때죠. 그런 방법을 통해 외부의 소음에서 벗어나 오로지 자기 생각에 집중할 수 있으니까요."

마이크가 답했다.

"그게 다인가요?"

내가 물었다.

"아뇨."

케이시가 말했다.

"존, 다양한 생각, 사람, 문화, 관점 등에 접하는 게 왜 좋은지, 그 장점에 대해 나누었던 대화 기억하세요?"

"그럼요. 존재 목적을 달성하기 위해 해야 할 일을 찾는 대목에서 나왔었죠."

"맞아요. 존재 목적을 알아내려고 하는 사람에게도 똑같은 방식이 적용된답니다. 새로운 것을 경험하고 새로운 아이디어를 배우면 몸속 어딘가에서 커다란 공명이 울린다고 하는 사람들도 있어요. 실제로 많은 사람이 육체적인 반응을 경험한답니다. 척추를 타고 오는 듯한 전율을 느끼는 사람, 기뻐 소리 지르면서 우는 사람 등 다양해요. 깨달음이 자신을 압도하는 것처럼 느끼는 사람도 있지요. 그런 것들이 바로 존재의 이유를 설명해줄 수 있는 단서일지도 모릅니다."

"무슨 말씀인지 알 것 같아요."

나는 이렇게 말하면서 웃었다.

"나를 위해 써놓은 것 같은 문장을 읽거나 들었을 때 그런 느낌을 받은 적이 있었어요. 사실 오늘 밤에도 그런 순간이 여러 번 있었습니다."

케이시가 미소 지었다.

"이 정도면 대답이 됐나요, 존?"

"그런 것 같아요. 모든 사람에게 적용되는 정답은 없다, 질문에 대해 집중적으로 생각해볼 수 있는 환경을 만들어보는 것이 방법이다, 여러 가지 경험을 하고 많은 아이디어를 떠올려보는 것도 좋은 방법이 될 수 있다, 그러면서 그에 대한 느낌을 스스로 확인해보는 것이 좋다, 그게 답인 것 같은데요."

"맞아요." 마이크가 맞장구를 쳐주었다.

케이시는 탁자에서 일어났다.

"다시 저쪽 손님들한테 가볼게요. 더 필요한 거 없으세요, 존?"

"아뇨, 없습니다. 만약 보름달이 진 후에도 빨간색 리본으로 포장된 우편물을 받지 않는다면 질문이 더 생길 수도 있겠지만요."

그러자 케이시는 밝게 웃으며 마이크에게 윙크를 하고 이렇게 말했다.

"꼭 연락하셔야 해요."

내가 없어도 존재할 아름다운 것들

케이시가 다른 테이블 쪽으로 건너가자 마이크가 내게 물었다.

"이 카페에 오시기 전에 어디로 가는 중이셨어요?"

"휴가를 냈어요. 모든 것에서 좀 떨어져 있고 싶어서요. 생각을 좀 해보고 싶었습니다. 구체적으로 무슨 생각을 해보고 싶었는지는 모르겠지만. 그런데 지난⋯⋯."

나는 시계를 쳐다보았다.

"지난 여덟 시간 동안 무엇을 생각해봐야 하는 건지 깨닫게 됐습니다. 마이크, 질문 하나 해도 될까요?"

"그럼요. 무슨 질문인데요?"

나는 마이크를 쳐다보며 물었다.

"왜 메뉴판에 그런 질문을 써놓게 된 겁니까?"

내가 이 질문을 하자 마이크는 의자 뒤로 깊숙이 물러 앉았는데 온 얼굴에 미소가 번지고 있었다.

"그런 질문을 써놓은 사람이 왜 나라고 생각한 거죠?"

"태도랄까, 이 장소랄까요. 잘은 모르겠지만, 꼭 하고 싶은 일을 하시는 것 같은 인상을 받았습니다. 아마 스스로 그런 질문을 해보았고, 다양한 경험과 고민 끝에 찾은 답이 바로 이 카페가 아닌가 싶은데요."

마이크는 다시 미소를 지었다. 그러고는 머그잔을 들어 목을 축이더니 이렇게 말했다.

"몇 년 전만 해도 저는 정말 미친 듯이 살았습니다. 낮에는 직장에 다니고 밤에 야간 대학원을 다녔죠. 그리고 남는 시간은 줄곧 트레이닝을 하면서 프로 운동선수가 되려고 비지땀을 흘렸습니다. 한 2년 반 동안 거의 모든 순간이 빈틈없이 짜인 스케줄에 따라 빡빡하게 돌아갔죠. 그렇게 살다가 대학원을 졸업할 때쯤 직장을 그만두고 여름 동안 좀 쉬기로 마음먹었습니다. 이미 새 직장을 구해놓고 9월부터 출근하기로 한 상태였거든요. 그래서 친구랑 졸업 축하 겸 코스타리카로 여행을 가기로 했습니다. 그리고 정말 코스타리카로 가서 여기저기 돌아다녔어요. 열대우림을 가로질러 하이킹도 하고, 야생동물도 보고, 새로운 문화에 흠뻑 젖어서 지냈습니다. 그러던 어느 날 방금 나무에서 딴 싱싱한 망고를 먹으며 통나무에 앉아 파도가 밀려오는 모습을 바라보았죠. 정말 기가 막히게 아름다운 해변이었습니다. 우리는 오후 내내 욕조 물처럼 따뜻한 바닷물 속에서 완벽한 파도를 타며 보디서핑을 했어요. 그리고 석양이 질 무렵엔 하늘이 파란색에서 분홍색, 오렌지색, 붉은색으로 바뀌는 것을 지켜보았습니다."

"정말 환상적인 장면이었을 것 같아요."

"정말 멋졌어요. 그때 해 지는 장면을 보면서 이런 생각이 들었습니다. '지난 2년 반 동안 내가 1분 1초를 아껴 전력투구해 살아가던 그때에도 태양은 똑같은 모습으로 지고 있었겠지. 몇 시간 비행기 타고, 비포장도로를 달려오면 천국이 바로 옆에 있는데, 나는 그런 천국이 존재한다

는 사실조차도 모르고 살았던 거구나. 천국은 2년 반 동안만 존재했던 것이 아니라 수백만 년, 아니 그 이상 되는 오랜 세월 동안 여기 있었을 테고, 해는 그렇게 매일 아름답게 지고, 파도는 밀려오고 있었겠지.'

거기에 생각이 미치자, 내 존재가 아주 작게 느껴졌습니다. 내가 가지고 있던 모든 문제, 스트레스받았던 일들, 미래에 대한 근심 걱정, 그 모든 것이 하나도 중요하지 않은 것처럼 느껴졌어요. 인생을 사는 동안 내가 무엇을 하든, 내 결정이 옳든 그르든, 혹은 아무것도 하지 않을 때라도, 여전히 그 해변과 석양은 그대로일 거란 생각이 들었죠. 내가 죽고 난 이후에도 말이에요.

거기 앉아서 그토록 황홀하게 아름다운 자연을 바라보고 있노라니, 나 자신이 엄청나게 큰 존재의 극히 작은 일부분이라는 생각이 들었습니다. 그러자 내가 왜 여기 있는 것일까, 하는 의문이 생겼어요. 내가 지금까지 그렇게 중요하다고 생각해왔던 것들이 사실은 중요한 게 아니라면, 그렇다면 정말 중요한 것은 대체 무엇일까? 내 존재 목적은 무엇인가? 나는 왜 여기 있는 것일까?

이런 의문이 떠오른 후 그다음엔 케이시가 아까 말한 그 과정을 거치게 되었습니다. 질문에 대한 답을 찾아낼 때까지 그 질문이 머릿속에서 떠나질 않았어요."

나는 자세를 고쳐 의자 깊숙이 앉았다. 나도 모르는 사이 마이크가 말을 할 때 점점 더 그가 있는 쪽으로 몸이 기울어지고 있었던 것이다.

"고맙습니다. 마이크, 정말 멋진 이야기군요."

"우리 인생 자체가 멋진 이야기랍니다. 단지 자신이 얼마나 훌륭한 작가인지, 또 얼마든지 자신이 원하는 대로 글을 쓸 수 있다는 것을 깨닫지 못할 뿐이죠."

마이크는 자리에서 일어섰다.

"주방에 가서 청소 좀 해야 할 것 같아요. 더 필요한 게 있으세요, 존?"

"아뇨. 이제 다시 길을 떠나야 할 것 같습니다. 얘기가 나왔으니 말인데 이곳으로 들어오기 전에 방향 감각을 완전히 잃었거든요. 나가서 어느 쪽으로 가야 할지 감이 안 잡히네요."

"그건 목적지가 어디냐에 따라 다르죠."

그러고서 마이크는 말을 이어가려 하다가 마음을 바꾼 듯 입을 다물었다. 마이크가 다시 입을 열었을 때는 아까 하려고 했던 말은 아닌 것 같다는 느낌이 들었다.

"계속 길 아래쪽으로 가다 보면 교차로가 나올 겁니다. 교차로에서 오른쪽으로 도세요. 그럼 고속도로 진입로가 나오는데, 그 입구에 주유소도 있어요. 지금 차에 있는 연료로 거기까지는 갈 수 있을 겁니다."

마이크가 어떻게 내 차의 연료량까지 알고 있는지 의아했지만, 그의 말이 맞을 거란 생각이 들었다. 나는 자리에서 일어나 손을 내밀었다.

"고마워요, 마이크. 여긴 정말 특별한 곳이에요."

우리는 악수를 나누었다.

"뭘요. 행운이 가득하길 바랍니다."

이 말을 남기고 마이크는 주방으로 걸어갔다.

Chapter 26

새로운 하루의 시작

나는 메뉴판을 내려다보았다.

당신은 왜 여기 있습니까?

죽음이 두렵습니까?

충만한 삶을 살고 있습니까?

심오한 질문들이었다. 만약 옛날에 누군가가 내게 그
같은 질문들을 했다면 나는 아마 이런 질문을 한 사람이
별난 사람이라고 생각했을지도 모른다. 이제는 메뉴판을

읽으면서 지금까지 그런 질문을 스스로 해보지 않았다는 것이 아주 이상하게 느껴졌다.

케이시가 내 자리로 돌아와서 탁자에 계산서를 내려놓고 작은 상자를 내밀었다.

"마지막 남은 딸기파이예요. 마이크가 드리는 선물이에요. 그리고 이건 제가 드리는 선물이고요."

케이시는 이렇게 말하며 메뉴판을 내밀었다. '세상 끝의 카페'라는 이름 아래 케이시가 내게 메시지를 몇 자 적어놓은 것이 눈에 띄었다. 나는 그것을 읽고 또 읽었다.

"그걸 보고 우리를 기억해주세요."

케이시는 이렇게 말하며 미소 지었다.

"고마워요, 케이시. 정말 여러 가지로 고마워요."

"천만에요, 존. 우리 카페는 바로 이런 일을 하기 위해 있는걸요."

나는 탁자 위에 계산서에 적힌 금액을 올려놓고 메뉴판과 파이 상자를 들고 일어섰다. 그리고 카페 밖으로 나와 새벽 공기 속으로 걸어갔다.

자갈이 깔린 주차장 건너편 나무 위로 태양이 솟아오르

고 있었다. 공기는 새로운 날의 시작에 앞선 정적의 잔해를 품고 있었고, 그와 동시에 새로운 하루를 알리는 소리가 조금씩 들려오고 있었다.

다시 태어난 느낌이었다. 나는 들고 있던 상자를 오른손에서 왼손으로 옮겨 들고 차 문을 열었다.

"나는 왜 여기 있는가?"

나는 혼잣말로 중얼거렸다.

"나는 왜 여기 있는가?"

그날은 정말로 새로운 하루였다.

두려움이 사라지는 내 인생의 철학

그날 밤 '세상 끝의 카페'를 다녀온 후 많은 것이 변했다. 그 변화라고 하는 것이 마른하늘에 날벼락 치듯 그렇게 격렬하게 온 것은 아니었지만 그 카페는 궁극적으로 내 인생에 엄청난 영향을 끼쳤다.

앤처럼 내게도 변화는 천천히 시작되었다. 카페 문을 나선 뒤부터 내 머릿속에서는 "나는 왜 여기 있는가?"라는 질문이 떠나지 않았다. 그 뒤로도 계속 그 질문은 나를 쫓아다녔는데, 질문에 대한 답을 며칠 만에 찾을 수는 없었다. 휴가를 내어 존재의 이유를 생각해본다고 곧바로 찾을 수 있는 문제도 아니었다. 깨우쳐서 마음에 새길 가치가 있는 것을 찾아낼 때는 그만큼의 노력이 필요한 법이었다.

결국 내가 존재의 이유를 찾은 것은 케이시와 앤으로부터 배운 방법을 다 동원하고 나서였다. 나는 매일 조금씩 시간을 내어 내가 원하는 일, 하고자 하는 일을 하기 시작했다. 그건 앤이 사용한 방법이었다.

또한, 케이시가 이야기해준 대로 새로운 것을 시도하고 배울 기회를 모색하기 시작했다. 이를 통해 내 존재 이유의 가능성을 담는 우주가 훨씬 더 넓어지는 것을 느낄 수 있었다. 그 우주는 내가 처음 여행길에 올랐을 때보다 확연히 더 커져 있었다.

그러더니 언제부터인가 내 존재 이유와 그것을 충족할 방법들이 보이기 시작했다. 역설적이게도 가장 어려운 상황에 직면해 있을 때 이러한 문제들에 대한 답이 보이기 시작했다. 두 가지 선택을 놓고 저울질할 때, 즉 하나는 나의 존재 목적을 충족해줄 수 있는 삶이고, 다른 하나는 단지 그냥 먹고살기 위한 것이라고 할 때, 이 가운데 무엇을 선택할지는 너무 자명하고 쉬워 보인다고 할지도 모른다. 하지만 실제로는 그렇지 않았다.

나는 대부분의 사람이 존재 목적을 발견하고 나면 여정을 중단한다는 것을 알게 되었다. 담장에 나 있는 구멍을 통해 자기가 원하는 삶이 보이긴 하지만, 여러 가지 이유로 문 앞에서만 서성이다 돌아가는 사람이 많았다.

처음에는 이런 현실이 너무도 슬펐다. 하지만 마이크가 말했듯이, 그리고 나도 차차 믿게 되었듯이 사람들이 살아가면서 인생의 중요한 선택을 하는 순간들은 서로 달랐다. 어떤 사람은 어렸을 때, 어떤 사람은 좀 더 나이가 든 뒤에, 또 어떤 사람은 그런 선택을 아예 하지 않고 평생을 살아가는 경우도 있다. 그런 선택은 서두른다고 되는 것도 아니며, 다른 사람이 대신해줄 수 있는 것도 아니다. 그리고 오직 본인 스스로 하는 자발적인 선택만이 의미가 있다.

나의 경우, 일단 마음먹은 일을 행동에 옮기면, 그 일을 하지 못하는 것에 대한 두려움이 사라진다는 사실을 깨달았다. 그러고 나니 담장 구멍을 통해 보이는 삶의 문을 열고 들어가는 데 망설임이 없어졌다. 이제 이 깨달음은 내 인생의 철학이 되었다.

이제는 그 카페와 연관된 것을 생각하지 않고 보내는 날이 단 하루도 없다. 온갖 광고로 가득한 이메일과 우편물을 보면 케이시가 들려준 녹색 바다거북 이야기가 떠오른다. 케이시가 말한 그 파도는 내 시간과 에너지를 빼앗아 가기 위해 항상 밀려오고 있다. 하지만 이제 이 파도가 어떤 의미인지 알기 때문에, 나는 나를 밀어주는 파도가 올 때를 대비해 내 힘을 아낄 줄도 안다.

코스타리카 해변에 앉아 있었다는 마이크의 이야기도 자주 생각난다. 큰 그림 속에서 보면 내가 지금 받고 있는 스트레스, 안고 사는 걱정거리, 성취감과 상실감 같은 것은 아주 작은 것에 지나지 않는다.

하지만 우리는 작고 보잘것없는 우리의 존재 속에서 의미를 찾는다.

지금까지 살아오면서 후회하는 것이 하나 있다면 그것은 좀 더 일찍 변화하려고 하지 않았다는 사실뿐이다. 나는 그날 밤 카페에 들어서기 전까지는 준비가 되어 있지 않았던 건지도 모른다.

지금 나는 내가 왜 여기 있는지 알게 되었고, 그 이유를
충족하는 삶을 살고 있다. 그러므로 다시는 저 문 넘어 다
른 쪽에 있는 세상으로 돌아가지 않을 것이다.

옮긴이 고상숙

연세대 영어영문학과, 한국외대 통번역대학원 한영과를 졸업했다. KBS에서 외신 번역과 통역을 담당하다가 현재는 서울외대 한영통번역학과 겸임교수 및 프리랜서 통·번역가로 활동하고 있다. 옮긴 책으로는 『사막을 건너는 여섯 가지 방법』, 『위험한 시간 여행』, 『레드 세일즈 북』, 『바그다드 동물원 구하기』, 『희망과 함께 가라』 등이 있다.

세상 끝의 카페

개정판 1쇄 인쇄 2023년 2월 16일
개정판 8쇄 발행 2025년 1월 13일

지은이 존 스트레레키
옮긴이 고상숙

편집 윤성훈
디자인 *studio* weme
일러스트 박지영
마케팅 한민지, 신동익
제작 ㈜공간코퍼레이션

펴낸이 윤성훈 **펴낸곳** 클레이하우스㈜
출판등록 2021년 2월 2일 제2021-000015호
주소 경기도 파주시 회동길 363-21, 2층
전화 070-4285-4925 **팩스** 070-7966-4925 **이메일** clayhouse@clayhouse.kr

ISBN 979-11-981738-1-2 (03190)